ハーバード大学史上最多の履修者数を誇る

人気教授
マイケル・サンデル Michael J. Sandel の
話し方とは?

松本 幸夫 著

はじめに

後輩、新人をどのように教育したらいいか分からない。

プレゼンが、苦手で、やり方が分からないで困っている。

社内講師を頼まれたものの、教え方を知りたい。

話すのが、苦手。

双方向の、コミュニケーションの大切さは分かるのだが、どうしたらいいか分からない。

こんな悩みを持つ人は多い。私は、研修講師として27年。延べにして25万人にも及ぶ受講者に接してきた。そんな中で、こうしたらいいという、わたしなりの理論は、ある。ただ、それだけだと、松本流の話し方、伝え方の本になってしまう。これは、すでに何十冊と書いてきた。


今回、私が魅力を感じていて、この人の卓越した対話型の講義を、是非分析して紹介したいという願いがかなった。もちろん、冒頭の悩みを解決して、あまりあるスキルである。その人物こそ、マイケル・サンデルだ。

サンデルは、本文でも触れるが、私たちのような、教えることのプロの評価が高い。さりげなく行われ、話されているように見えても、それはサンデルの考え尽くされたスキルなのだ。

そんな、プロから見た技も存分にお伝えしたい。

サンデルの対話型の講義の進め方を、もしもビジネスパーソンが活用したらどうなるかが、本書のメインテーマである。ただし、マイケル・サンデルの1000人に及ぶ、学生たちとのやりとりは、ビジネスのみならず、一般のコミュニケーションにおいても十分に活用していくことが可能だ。なぜなら、卓越したインストラクションスキルとはいうものの、それは立派にコミュニケーションのスキルそのものであるからに他ならない。

サンデルはアメリカ人だからね、などという人もいる。つまり、学生時代からスピーチやプレゼンに慣れ親しんでいるから、私たちとは違うというわけだ。しかし、それは違う。やり方を知り、本人の自覚があれば、必ず話し方、スピーチ能力は向上する。

アメリカ人としてなら、ビルゲイツを見たらいい。お世辞にも、うまいとは言えなかったゲイツは、トレーニングにより、一流のプレゼンターになりつつある。

私は本書でその通りに実行したなら、必ず見違えるようなスピーチ能力、プレゼン力がつく、そんなサンデルから学べる方法を集めて述べてみた。

サンデルは、ハーバードの政治哲学の教授である。１０００人に及ぶ学生たちに対話型の講義をしている。かたや、私は30人程度の社会人に研修をしている。対象も、人数も違うが、広義の人材育成に携わっているのは、同じだ。もちろん、学生と社会人だから、違いはある。ビジネスには結論を、明示するのは鉄則だ。しかし、サンデルはそうでなく、オープンエンド。つまり、必ずしも、明示はしない。様々な違いは本書で、述べているので参考にしてほしい。

教育は「自ら考える人を育てるのが目的」というサンデルのことばは、学生だろうが、社会人だろうが、全く同じだ。

１人でも多くの自ら考える人が増えたなら、望外の幸せである。

もくじ

第3章　相手に考えさせるテクニック

第4章　相手の考えを引き出すサンデルの質問術

第5章　対話の中で相手を引き付けていく

第6章　サンデル式を現場で活かしていく

装丁デザイン：小松学（エヌワイアソシエイツ）
カバー写真：共同通信社
本文組版・図表作成：横内俊彦

第1章　サンデルの講義に見る話し方のテクニック

01

聴衆との距離を縮めること

サンデルの「講義」の場は、多くは1000名近くを対象にした教室だ。

私はサンデルの「話し方」の中のデリバリー、つまり「伝え方」には感心することがある。それは「動き」だ。日本の伝統的な教授法やスピーチでは、「教える側」というのはジッと立ち同じ位置にいるか、ひどい場合は座席にペタンと座ってしまう。しかも中身は一方的な情報伝達というお粗末さだ。

しかし、サンデルは「動く」。もちろん、ボディランゲージも豊かだが、あたかもスティーブ・ジョブズのように歩きながらスピーチをすることも多くある。サンデルは、教室(会場)を歩き回ったり、アイコンタクトをしたり、名前を呼んだり、物理的に会場が巨大なので、心理的に学生と距離を詰めようと努力している。

歩く・動きながら話すのは、話し手にとってはリラックス効果がある。一ヵ所にジッとしてアクションもなくスピーチするより、声のメリハリは出るしずっと表情の変化もつく。

ジッと同じ位置にいる（または座っている）
●一方的な伝達で終わる
動く
●声のメリハリ・変化がつく
●相手との心理的距離を縮めることができる
ただ動き回るのではなく、相手に近づき話すことで心理的距離が縮まる最近私が見い出した動きの意味は、実は「聴衆との距離を縮める」効果があるということだ。私の研修の仕事の場合、多くはサンデルの講義よりも小さな平均30名のクラスだ。ここで私がやっているのは、もちろん「動く」ことだ。自分では「忍者方式」と名付けていて神出鬼没、会場のいたる所にピンマイクを付けた私は登場する。時として会場の一番後ろ、時には真横の位置から話をする。

一般的にはスクリーンの前の定まった位置に椅子や机、いわゆる講師席がある。多くはそこにベタッと座り話すが、私は30名のクラスという小ささもあり、サンデルやジョブズよりもさらに「動き回る」のだ。

ある列の人を指名すると、その近くまで私は動いて近付いていく。次の人に当てるとその人の近くまで私は歩く。理想は「1対1のコミュニケーション」のように聞き手の近くまで寄っていき話す。私の研修風景を見たら、ほとんどの人は「エッ？」と思うだろう。講師は定位置におらず、教室中を歩き回り話をしているからだ。

ポイントはただ動くのではない。聴衆と近付きスピーチしていくのだ。この位置取りはサンデルから学べることの1つだ。

説得するには相手に近付いて話すこと。

02

自分の主張をしない

サンデルの「教授法」の大きな特徴の1つは、自分の主張をあえて講義中に差し挟まないということがある。あくまでもサンデルが行うのは「交通整理」であり、質問者の主題がハッキリしない時の「言い換え」のみだ。

よくあるのは、自分に都合の悪いことになると「すり替え」を行うことだ。例えば「予算が十分ではないので」と言われ、「長期的な可能性が」とか「プロジェクトの人員が」というように論点を変えてしまい説明をすることだ。

サンデルは全くそうせずに、他の学生に理解しにくい、表現が分かりにくいような時に「言い換え」をするだけだ。もちろん目的は「わかりやすく」伝えることにある。その中でも、あえてサンデルは、「私はこう思う」と口にしない。主役はあくまでも学生・聞き手にあるのだ。

自己主張の強いアメリカ人の中では珍しく、「サンデル方式」では「私が」「私の意見では」、と強く口にせず、いわば「自分をどこかに消して」しまい講義が行われているのだ。

サンデルの説く教育の定義がある。それは「最高の教育とは自分自身でいかに考えるかを学ぶことである」というものだ。ここから考えれば、あえてサンデルが自己主張せず、学生に「考えること」を自由に伸び伸びとさせ、さらに深めさせていくアシスタント役に徹しているのは当然と言えるかもしれない。

これは特に「教える」立場になった人には、社内講師であっても、小さなグループでの話し手であっても、もちろん学校の先生であっても心掛けてみて欲しい。

まずは受け手・聞き手が中心に考えを深めていく。そのためのアシスタントに徹してみてもよい、ということだ。だからあえて自己主張せず静観して見守るのも、時には必要なのだとサンデルを見て強く思う。

03 考えさせる教え方

サンデルの教え方は、私のようなプロの研修講師にとても評判がよい。「サンデルのように研修をしたい」という人は私の知人だけでも10人近くいる。どこがそれだけ、教えるプロを魅了するのだろうか？

私は自分自身でインストラクションスキルを工夫改良してきた。もちろん、27年もやっていたら工夫なしには生き残れないことではある。そんな中、ここ5、6年やってきたのは「教える」のは最小限にし、極力「考えさせる」中身にしてきていることだ。

例えば従来なら「デール・カーネギーがスピーチの3原則としていたのは、①質問せよ、②具体例を挙げよ、③テンポ良く話せの３つです」という言い方をしていた。つまり「教える」のだ。

しかし、「考えさせる」のは違う。まず質問から入る。これはサンデル式でもある。「デール・カーネギーの説いたスピーチの3原則は何だと思いますか？」と質問する。

しかしここで間違えないようにしたいのは、質問しただけでは考えさせたことにはならないということだ。私はここに気付くのに数年かかった。質問したら、即考えさせたと思い込んでいた。

ちなみに、今は考えさせるために3分や5分考える時間を取る。しかも、「書かせる」ことで見える化すると、考えがまとまるのが分かってきた。

サンデルが素晴らしいのは、やはりそれを多人数の前で、しかも「考える時間」をたっぷりととりながら進めていることにある。講義・教授法として、

一方通行→×、双方向→○

というのを忘れてはいけない。

今までただ知識のみを伝達し教えるだけだった講師は、サンデルの教授法を見て反省したのだ。そうだ、相手に考えさせる双方向を実践しなくてはと。そこのみでもサンデルは秀でているのだった。

04 スピーチ能力は観察力

スピーチ力と言うと、普通は自分自身のことば・話し方、ジェスチャーや表情も含めた「表現力」を思うであろう。もちろんこれは間違っていない。

しかしサンデルのスピーチを観察していると、それだけでは不十分と言えるのが分かる。というのは、サンデルは聴衆である学生を深く「観察」しているのが分かるからだ。

例えば、双方向のコミュニケーションにするためには、質問を投げかけることは欠かせないことだ。質問というのは当たり前だが、答える相手がいて成り立つ。しかも、サンデルの場合は大学の授業であるから、学生を「よく見る」ことをしなくてはいけない。これは、私が研修している時でも同じだし、学校の先生でも社内講師であっても全く同じことが言える。

サンデルが卓越しているのは、質問した後の対応の仕方にある。1000名前後の学生に質問をすると当然手が挙がる。その中からサンデルは教授として1人を指名しなくてはいけない。この時に誰を指名するかは、何らかの基準が必要となる。

私の場合は日本の聴衆というせいもあり、手は挙げさせないが、私自身が「指名する」ことはある。この時の基準は、「よく聴いている受講者」だ。つまり頷く・メモを取る・リラックスしスマイルといった、肯定的に聴いているシグナルを出している人を見つける。

では手を挙げさせた場合の、サンデルの「観る所」「指名する判断基準」とは何だろうか?

それは「よく考えてからの挙手か」ということだ。したがって、まず「一番始め」に挙げた者はじっくり考えていないので当てない。また、ずっと手を挙げ続けている者も「他の人の意見をよく聞いていない」ので当てないという。つまり、自分が当ててもらうことが目的になっていて手だけ挙げ続けているわけだ。これはじっくりと聴衆を観察していないと出来ないことだ。

サンデルのスピーチ能力は、観察力の賜物である。

05

相手の考えを深化させる

サンデルは１０００人程の多数の学生を相手に話すことが多い。その場合に双方向で講義が行われているのは、他でも述べている通りだ。しかし、この際に「相手の考えを深化させていく」ことの出来るのが大きな特徴と言ってよい。

これこそ「考えさせる」教え方の大きなポイントと言える。

一方的な情報伝達では、学生は必ずしも「考える」ことをしない。それはどちらかと言うと、知識として記憶するのがメインと言ってよい。つまり旧来型の教育である。

しかしサンデル式は「考える」ことをさせ、しかもその考えを掘り下げていって「深化」させていく。相手にとっては、そのことが自己啓発・能力開発になっているとさえ言えることで、素晴らしいスキルだ。

これは１０００人でも10人でも５人でも、相手の数により差異があるのではなく、あくまでもサンデルの教授法による。

「一方的に情報伝達しない」ことを心掛けて相手に考えさせる。そして掘り下げていく。具体的には、サンデルの「観察力」と「質問力」がものを言っている。つまりサンデル式は相手を観察し、そこに質問を投げかけていくことが特徴だ。

「何故それが盗みなのかな？」と理由を考えさせる質問。

「今のジョーの意見に反論のある人は？」と考えさせ挙手させる質問。

多人数ということもあるため、サンデルは「挙手させる」ことを講義の中でよく用いている。質問は一度でオシマイにせず再質問することにより、相手はさらにテーマについて考えるため「深化」していく。これを多人数で行っていくので「言い換え」をしたり「要約」をし、参加者全員に分かりやすく伝える。

質問↓要約↓再質問の繰り返しにより、相手の考えを深化させていくのだ。

これは私達にも、社内外やビジネスのコミュニケーションでも、十分応用が可能と言える。

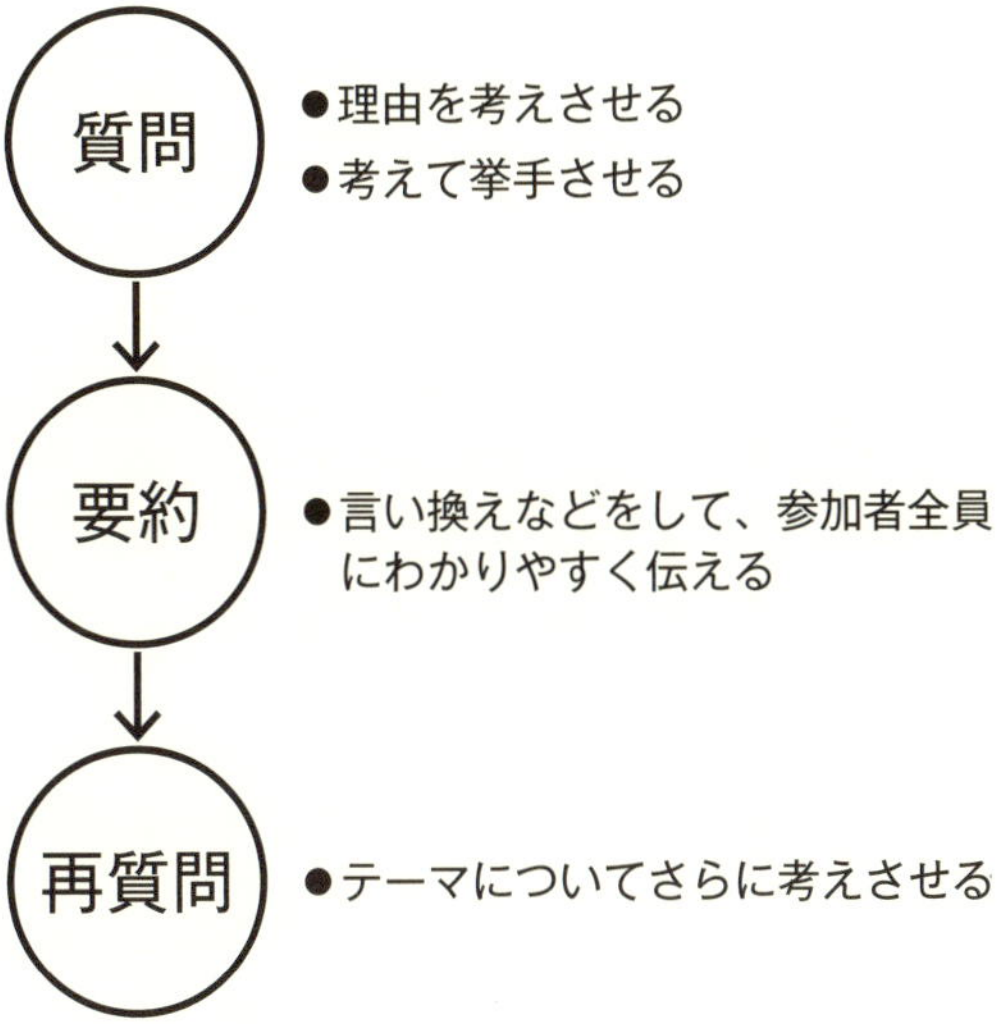
質問
●理由を考えさせる
●考えて挙手させる
要約
●言い換えなどをして、参加者全員にわかりやすく伝える
再質問
●テーマについてさらに考えさせる

一方的な伝達にしないためにも、質問を投げかける。そこからさらに考えを深めるために再質問をしよう

06

あえて反対意見を出させる

研修講師をしていて、これは絶対に用いたことはないというサンデルの話し方がある。それはあえて「反対意見」を出させる言い方である。

「誰かジョーに反対する人はいないかな?」

あるいは、間接的ではあるがこのような言い方も、「反対意見」を出させるようにしていると言ってもよい。「残る2人も賛成かな?」と言った言い回しだ。

もちろん、反対ならそこで意見が出てくる。相手が複数であれば、賛成・反対を問いかけるのは、相手に考えさせて意見を出させるとてもよい話法と言える。

1人が相手の時には、「賛成か反対か」を尋ねるのは言い回しが難しいものだ。「何かご意見は?」または、「よろしいですか?」くらいのソフトに確認するような言い方が代わりに用いられているだろう。

サンデル式は、あえて反対意見を出させ、多人数の議論の活性化を図るのが大きな目的である。また反対までいかなくとも「？」と疑問を持つ人もいるだろう。ただ一方的に情報伝達をしていては、これらの人を「満足」させることは出来ないだろう。

企業の顧客満足と同様に、話し手となったなら、聞き手の満足度を高めなくてはいけない。サンデルの場合は、反対意見のみならず疑問のある人に対しても、広く門戸を開放し質問するのだ。「これに対し何か意見や疑問がある人はいるかな？」というようにして。「反対意見のある人は？」とやるのはストレートに反対意見を出させる方法だ。ただサンデルは、「賛成な人」に挙手させることで結果として、反対意見も出させるやり方を取っている。

アメリカ兵士の確保について、①給与を増やす、②徴兵制、③アウトソーシングと３つの案に対し、それぞれ挙手をさせている。もちろん、挙手しなかった人はその案には反対というわけだ。その上で意見を募るというやり方で進めていく。やはり議論は活性化し学生は考えることになるわけだ。

もちろん、このやり方はビジネスの中でも十分に役立つ。

07 要約しフィードバックする

1884年9月のイギリス海難事故を題材にしたレクチャーの時。「サバイバルの殺人」について、学生からの意見が多く出た。

（例1）
「それで道徳的に正当化出来るとは思いません」（学生）
「それでも正当化は出来ない？」（サンデル）
「出来ません」（学生）
「同意があっても道徳的に正当化出来るとは思わないんだよね」（サンデルの要約）
（例2）あるいは命に値段は付けられるかのテーマでの会話。
「それなら適切な額は幾らだと思う？」（サンデル）

「数字で表せるものではないと思います。人の命をこの種の分析に利用すべきではありません」（学生）

「金額が低すぎたというだけでなく、数字で表そうとしたこと自体がそもそも間違っていたと言うのだね」（サンデル要約）

相手の話したことを要約し、分かりやすくすることで、３者が同じ土俵に乗り会話が出来るようになっていく。３者というのはサンデル、発言した学生、その他多数の学生だ。

よくプレゼンテーションなどで質問があると、いきなり質問者に答えてしまう人がいる。しかし、多人数を前のプレゼンにおいてはこれではいけない。他の聴衆に対しても「今このような質問を受けました」と全員に話すようにすることだ。これはそのままサンデル式に他ならない。つまりサンデルは、聴衆全体に気配りをしている名プレゼンターと言える。聴衆に気配りし、あたかも１人ひとりと対話しているかのようにスピーチする。

そう、これはかのスティーブ・ジョブズにも共通した資質と言ってよい。もちろんこれは、私達も身に付けることは可能だ。

まずは、１人からの質問でも全員に噛み砕いて分かりやすく伝えることから始めよう。

08 多人数でも1人であるかのように話す

対話型の講義の特徴は、どんなに多人数であったとしても、あたかも「友人に語りかけるように」1対1のコミュニケーションに近い話し方をすることだ。これはサンデルもそうだし、ジョブズの話し方もそうで、説得力ある人に共通している点だ。

友人に語りかけるようにするポイントは大きく分けて2つある。

1、アイコンタクト

2、語りかけ・話し方

まずアイコンタクトから説明しよう。

アイコンタクトは、「1人」を見るように話す。具体的には、1つのフレーズや長く出来る人はワンセンテンスの間、じっくり1人の人を見続ける。ワンフレーズワンパーソン、あるいはワンセンテンスワンパーソンがよい。

私はこれを長年やっていて、日本人相手では読点がくるまでのワンフレーズがよいと思

①アイコンタクト

ワンフレーズ・ワンセンテンスを１人の人を見て話す

〈日本人の場合〉
「皆さん　おはようございます」

↓　↓

１人　１人

〈外国人の場合〉
「皆さんおはようございます」

↓

１人

②語りかけ・話し方

日常用語を用いる

- 「本日は」→「今日は」
- 「昨　日」→「きのう」

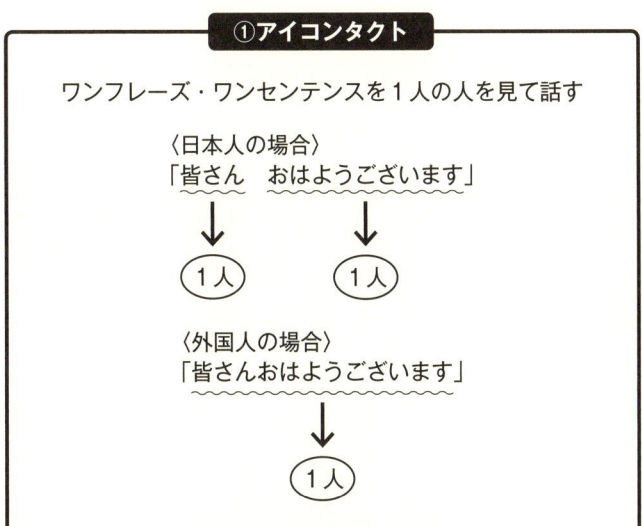

う。また、外資系など外人の多い場面では、彼らは目を見て話すこと、話されることに慣れているため、句点がくるまでのワンセンテンスがよい。

つまり日本人なら、「皆さん」で1人、「おはようございます」で1人を見る。外国人なら、「皆さんおはようございます」まで、しっかり1人を見るつもりで話す。フレーズやセンテンスごとにしっかり1人を見ると、対話をしている感じになる。これが、多人数でも、目を向けてくれたブロックの何十人か必ず頷いてくれるものだ。

次に語りかけ・話し方。

これは、特にいつも使い慣れた「日常語」を極力用いることだ。「本日は」でなく「今日は」とカジュアルにいく。もちろん、丁寧に品のあることばを使ってよい。

しかし、語りかけをカジュアルにしていくことを忘れてはいけない。一般的には多人数程フォーマル、少人数程カジュアルが基本ルールだ。

しかし、「多人数でも1対1」のように話すための最大のポイントは、サンデルもそうだが、どこかにカジュアルさを入れ話すことだ。例えばサンデルのように「名前を呼ぶ」のも効果的な手だ。これについては項を改めて書くことにする。

多人数でもカジュアルに。しかしマナーは忘れないことだ。

09 相手の発するサインを見逃さない

研修で多勢の前で話をしていると、彼らが「集中」している時とそうでない時はよく分かる。

集中していると、シーンとして、皆こちらを食い入るように見ている。これは、話がうけなくてシラけてシーンとしているのとはわけが違う。あるいは、すぐ反応したりメモを取ったり質問しても答えがパッと出てくるなど、よく観察しているとそれなりの「サイン」を発している。大部分は、声に出し「私はよく聞いています」と言うのではない。ノンバーバル（非言語）なものが大半だ。

では、サンデルはその辺りについて述べているだろうか？　というとさすがプロ、しっかりと説いていた。

「学生が混乱していたり退屈していると、私には分かるんです」と言う。そして、そのサインというのは「足を動かす」「紙をめくる」「咳払い」「ひそひそ笑い」なのだという。

咳は自然かと思うと、サンデルの体験からは必ずしもそうでもないらしい。何故なら学生が集中している時には誰も咳をしないからだという。これは、私も研修に取り入れ受講者が集中しているかの判断基準にしたい。

この時にやるべきことは？　つまり相手が集中していなかったり理解度が低い時だ。サンデル式は、「説明の仕方を変える」。このことは、私もよく研修の中で体験している。私の場合は、極めてラフな基準だが、相手が「キョトンとしている」表情なら説明の仕方を変えていく。

例えばテキスト類はワークシートと本があるのだが、30人のクラスだとどんなに説明して「この厚いテキストの32ページ」と言っても、薄い10ページにもならないワークシートをペラペラめくり、「キョトン」とした受講者は何人かいるものだ。そんなとき、私は実物を高く掲げて「この、表紙にテキストと書いて閉じてある、厚みのあるものの32ページ」と説明を変えてみる。くどいほどでちょうどよい。

これは、このケースに限らず、相手のサインを見逃さずにしっかりと対応しなくてはいけないということだ。

10 テーマをハッキリ外さない

サンデルのメインテーマは、いうまでもなく「正義」にある。ハーバードでの全12回を通してのメインテーマは、「正義とは何か」であった。そしてまた各回毎にテーマが掲げられている。

それぞれが「ハッキリ」していて、なおかつ全体の流れとして「外さない」のはさすがである。もしもテーマから大きく外れそうになったら、サンデルが修正していくわけだ。

これは、私が社会人対象だがテーマを元に研修をしているため、その大変さがよく分かる。私の場合、対話型は取り入れているが、サンデルのような割合ではない。したがって、読者がビジネスでサンデル式を一部取り入れようとしたら、参考になるものと思う。

私の研修では、ただの講義はまず少なく、その前に必ずラーニングポイントが分かる、体験できるような実習を取り入れている。企業内で研修を受けたことのある方なら、実習は分かるだろう。

例えば、役割になり切って話をするようなロールプレイも実習の1つだ。あるいは、問題を各自がまず1人で考え、それについて各自の気付きをグループで話すというのも実習だ。広く捉えたなら一方的に講師の話を聞いている以外は、実習と言ってもいいくらいだ。つまり、講師と受講者の「対話型」のサンデル式はもっと取り入れたい。しかし、その前に研修そのものを「参加型、実習型」にしてみている。

私は企業で研修し、「もう一度研修をお願いします」というリピート率92％という高率を誇っている。しかし、サンデルの対話型を取り入れたなら、さらに上がるのではないかと思っている。

私の信条は1つの教授法、指導法ではなく多くを組み合わせ「マルチ」で行うというものだ。だから、今までは必ずしも多くなかったサンデルの対話型を多くしようと思う。

あなたのビジネス上のメインテーマは何だろうか？

私のような研修講師なら「専門」であり、教えている「タイトル」と言っていい。ちなみに私はコミュニケーションと仕事術である。

そのテーマさえハッキリしていたなら、サンデルのような対話型で行うことと、「テーマが外れそうになったら本筋に戻すこと」を忘れないようにしたらいいのだ。

11 自分を消す落語との共通点

落語の世界では、いきなり江戸時代にタイムスリップする話し方を噺家はする。つまり、リアルに会話や状況を再現し、見ている人に実際にその場に居て体験しているような感覚を与えてくれる。

そこには、落語家という存在は介在してこない。名人クラスになるほど、デリバリーは一流、国宝クラスだが、しかし、どこにも個人が話すということが見られない。これがプレゼンとは大きな違いだ。

ところが、驚くことにマイケル・サンデルは基本は裏方であり、「私たち」と口にするものの彼自身の意見というのは滅多に口にしない。あくまでもファシリテーター、まとめ役だ。

これは、つまりあたかも「自分を消す」のと同じであり、面白いもので落語と共通している。

「自分を消す」というのはファシリテーターと言ったが、つまりは、会議の司会者のようなものだ。

会議の司会者は、ハッキリと存在していて、そこで「意見」をまとめる。しかし、司会役が「私の意見はこうです」などとは明言しない。ある意味裏方であって、自分を消している。私自身も、自分の講師としてのプレゼンを考えると、最近は随分と自分を消しているなと思う。

デリバリーを鍛え「プレゼンが上手」と、昔はよく言われた。「先生はスピーチがお上手で」などと言われ喜んでいた。しかし、最近は時々はあるものの、デリバリーそのもののことは受講者にあまり言われなくなってきた。何故なら私は「自分を消して」いることが多いからだ。なるべく受講者同士を話し合わせたり、スライドを見せる時にも「私が」見せているというよりも、受講者と一緒にスクリーンを見ていることも多くなっている。

だから、もしかしたらサンデルは伝え方、デリバリーの技術が素晴らしいと言われるのは不本意なのかもしれない。

何故ならサンデルも自分を消しているからに他ならない。

「正義とは何か」の講義全12回を終えるにあたり、サンデルは次のことばを述べている。

ここでも、サンデル自身をどうこうとアピールすることなど一切していない。ただ講義の目的を再確認しているわけだ。

何回か繰り返し読んでみて欲しい。深味のあることばだ。

「この講義の目的は、理性の不安を目覚めさせ、それがどこに通じるかを見ることだった。我々が少なくともそれを実行し、その不安がこの先何年も君たちを悩ませ続けるとすれば、我々は共に大きなことを成し遂げたということだ。ありがとう」

締めのことばを準備しておくことも忘れてはならない。

12

自分の見解は最後に示す

サンデルは、「私はコースの大部分で自分の意見を言いません」と自ら口にしている。ただ、サンデルも自分の見解をハッキリと示す「時期」がある。それは学生が自分の見解を持ち、賛成、反対もしっかりと判断でき、コメントができる力のついた時期だ。「しかし、1年間のコースの最後には自分自身の見解を提示します」とサンデルは言うのだ。

私たちは、サンデルのような大学教授として、1年かけて1000人もの学生を成長させ、受け入れ態勢が整ってから「自分の見解を伝える、自分の意見を言う」ようなことはやっていない。

しかし、「私はこう思う」「自分の主張はこうなんだ」と始めからガンガン口にするようなタイプの人には、このサンデルのやり方は大いに参考になるだろう。あるいは、研修講師のような仕事でもこのやり方は「よいな」と思う。

始めから自分の意見を言うのは、自分の立つ位置、立場を明らかにするにはとてもいいことだ。しかし、交渉や論争などしている場合には、「情報」が先に相手に行ってしまうことになり、場合によっては不利だ。だから、じっくり相手の話を聞いてから自分の意見を言うとよい。また、相手の話を先に聞けたなら、後で自分の意見を修正していくことも可能だろう。

何もサンデルのように、1年の一番オシマイに自分の意見を言わなくてもいい。

私は、サンデルの「最後に自分の意見を言う」に学び、研修なら休憩前の一講の終わりごとに一言、「自分はこう思う」と入れることにしている。すると、ただ「10分休憩します」などと言うよりも、受講者の話に聞き入る度合いが違う。

講師側がこう思う、こう感じたというのを一講毎の「まとめ」として行う。また2日の研修なら1日目の最後にも必ず「自分はこう思う」というコメントをつけるようにしている。

これはアンケートなど見ても好評なので「話に一区切りする時に自分の意見を言う」ことをやってみて欲しい。

13 事実を提案に先行させる

ビジネスの鉄則として、「結論を先に言う」ということが言われる。

もちろんこれは、長々とした報告、要領を得ない報告、何を言いたいのか分かりにくい相談などでは正しい。あるいは、プレゼンでも、会議の発言でも、結論を口にしてから理由付けというのはほぼ間違いない。

しかし、これがこと「お願い」「提案」となってくると、必ずしも結論が先というのは適さない。

分かりやすくプライベートの例を出そう。

私の研修の中で、実際に作ってもらったほぼノンフィクションの内容だ。

彼氏に、残業で遅くなったので車で迎えに来て欲しいというお願いをする時。いきなり「悪いけど車で迎えに来て」だとノーと言われることが多い。断る理由がいくつも出やすい。「アルコールが入っていて（飲んでなくても）」「今、ちょっと忙しい」「他の用件が」

など様々だ。

そこで、「最近会社の周囲で変質者に襲われる事件が多くて、まだ犯人がつかまってないのよ」とまず事実を口にする。その後で「悪いけど残業で遅くなって恐いから車で迎えに来て」。これはお願いを後にもってきているが、迎えに来てくれる可能性は高くなる。

あるいは、「本日は商品の値上げの件で」と言うとビジネス上、話は進まないかもしれない。まずは明らかな事実として、原材料が上がっていることを示す。自分としては品質を保持しておきたい。だからやむなく値上げしたい。と言うのなら納得されるかもしれない。少なくとも、いきなり「値上げについて」と結論から入るよりは、受け入れられやすいはずだ。

まずは事実から話に入っていこう。

これは、お願い、提案をする時の話し方のルールと言ってもいい。その上で自分の意見や考えを交え提案してみる。これなら、相手も受け入れやすいし納得しやすい。

サンデルの対話型の講義では、お願いや提案はないけれども、大前提、テーマ、何を話すのか、といった状況を明らかにしてから話に入っていっている。

いきなり意見を求めないのは、重なっていると言えるかもしれない。

コラム〈こんなやり方もある〉

ここで、あえてサンデルは行っていないけれども、聴衆に「参加意識」を持たせ、集中して講義に取り組ませるための手法を幾つか紹介しておこう。もしも、聴衆同士が初対面であると、特に100人、200人となってくるとお互い「緊張」しているものだ。私は時間の許す限り「ペア」を作らせ幾つかのウォームアップをしている。これは、講演会のような短い限られた時間でも、大人数で2日間に渡るような研修であっても同様だ。

●相手の第一印象を隣同士で語ってもらう

これは、オープニングの後、まずペアで30秒黙って見つめ合ってもらい、その後にお互いの印象を語ってもらう。短くても盛り上がるため、ウォームアップとして私もよく使っている。

●小学生時代の話をしてもらう

これも、どこの学校だったか、どんな先生がいたか、どんな遊びが流行ったか、どんなテレビを観ていたかなどと、数分でも一瞬のうちにワーッと盛り上がる。これは初回ではなく少し打ち解けた後がよい。

●各種ストレッチ

1人で伸びをしたり、手を後ろで組んだりすることを行う。私は30年近く前にヨガから応用してやってみたが、今は多くの研修でも取り入れられている。身体と心は車の両輪のようなもので、身体がリラックスすると心もほぐれるものだ。またペアで行うものも幾つもあるが、今は「ハラスメント」に注意し女性同士がペアになるような配慮もしなくてはいけない。

私のように、講師がスピーチするのもよいのだが、一番早く盛り上がり意欲が高まるのは、ペアを中心に、時には少人数のグループにして話をさせることだ。これは、バズセッションとも呼ばれていて、ハチがブンブンと飛び回っている状態からきたことばだ。

テーマを上手に設定し話し合わせることの効果は計り知れない。私も研修の進め方の中で1つの技法として完成させていきたいと思い毎日開発していっている。

「聞き手・受講者同士に話し合わせる」ことをしてみたい。

最近見たプレゼンテーションZENのガー・レイノルズが、バズセッションを設けていたのが印象深い。

第2章　対話から相手の心の内を引き出す

14
1対1のコミュニケーションを多人数で行う

サンデルが対する学生の数は多い。

しかし、1000人もの学生を前にサンデルは「演説」をしていない。「1対1」でコミュニケーションをとるように心掛けている。これは実は大変なことだ。

ほとんどの人は、多人数を前にすると、一度にそこの人たち全員に語りかけようとする。

「皆さん」

「紳士淑女の方々」

今はこんな言い方はしないが、「諸君!」など。

つまり、1人でなく全員に向けて話す。

一般的に多人数ではフォーマルになっていくため、例えば、ジョブズのような黒のTシャツにジーンズというラフスタイルは異例だ。サンデルは多人数に合わせ、フォーマルなスーツにネクタイ姿で統一している。

１対１のコミュニケーションを行うポイント

- **１人（あなた）に語りかけるようにする**
  →友人に語りかけるように話す

- **質問をする**
  →カジュアルにユーモアを交えて質問する

ポイントは友人に話すよううする
ことだが、カジュアルになりす
ぎないように注意しよう

しかし、「話し方」そのものは決して演説スタイルはとっていない。むしろ「1人」「あなた」に語りかけているような会話型で、錯覚を起こさせていると言っていい。

つまり「大人数でも1人に語りかけるように話す」というのが、1対1コミュニケーションの話し方のポイントなのだ。

そして、1対1の形に近付けるため「質問」をする。

質問は、仮にあなたが友人と話をしていたなら、必ずお互いが行っている。というのは「友人とは双方向のコミュニケーションをしている」からだ。つまり言い方を変えると、多人数であったとしても友人と喫茶店で話しているような話し方をする、ということだ。

つまりは、カジュアルにユーモアを交えながら質問をする。

言うまでもなく、これらは全てサンデルの行っていることでもある。何故、サンデルは大人数の前でも、1人ひとりに話しかけているような感じがするのだろうか？

それは、サンデルがあたかも友人に語りかけているように話しているからだ。

友人に語りかけるように話す。

大人数でも、1対1のコミュニケーションをするためのコツだ。

15 会話から対話に深める

大人数の前に出た場合、下手すると「一方的な演説」になりかねない。長時間になると、眠くなるし、疲れてしまう。

それを「双方向」のコミュニケーションにするには質問することだ。質問を盛り込むと、そこで「会話」が始まる。また会話は一方通行でなく、１対１のコミュニケーションになるため、さらにアイコンタクトする。相手の目を見ながらコミュニケーションを繰り返していく。

会話は、相手とのコミュニケーションを深めていくための手段だ。だから「聞きとる」「聞く」ような相手との関係性を深める。

もちろん、ただの一方的な演説よりはずっとマシだ。

講義でも、プレゼンでも、相手と「会話」しているような進め方は双方向性が出てくる。

しかし、サンデルは学生と会話しているのではない。学生とコミュニケーションをよくしていくのが目的ではない。問題を発見したり、考えを深めていくためには会話ではなく対話が必要だ。

もちろんサンデルは学生と「対話」している。

ダイアローグ。

つまり「聞く」のではなく、集中し「聴く」というレベル。あるいは、より深く「訊く」ということも行う。会話までならアイコンタクトと質問で何とかなる。あるいは話法として、人の会話を取り入れるなども会話型の1つと言えるかもしれない。

山田さんが「それはダメなのよ！」と言った、部長が「ふざけるな！」と怒鳴ったなど、話にメリハリもつく。

しかし対話型とはそうではない。表面上の双方向のコミュニケーションだけでは、不十分だ。そこに欠かせないのは、徹底してテーマを「深める」「掘り下げる」という心である。

探求心がポイントになる。

16 「私たち」で進める

私は、スティーブ・ジョブズの話し方を研究し本も書いている。（『図解　スティーブ・ジョブズのプレゼン術』総合法令出版）

今サンデルの教え方、話し方を研究していて２人がとても「似ている」という感を強くしている。

何故だろう？

ジョブズのスタイルは、多人数相手ということは共通しているけれども、基本は新製品発表のような、スライドを効果的に用いるビジュアルプレゼンである。

一方サンデルはハーバード大学の教授であり対象は学生。しかも視覚物は用いていない。それでも「似ている」と私が感じるのはどの部分なのか？

表面的には、一ヵ所にじっと留まらずにジェスチュアは豊かで声のメリハリもあり、デリバリーが効果的であるのは似ているかもしれない。しかし、プレゼンのスキルそのものは「一流の人」ならジョブズのクラス、サンデルクラスは珍しくないのは分かるだろう。もちろん「質問を投げかける」とか双方向のコミュニケーションの取り方のような工夫も共通点はある。

しかし、一番の「似た」点というのは、プレゼンや講義を終了した後の受け手側の感覚にあるだろう。「成長できた」「満足できた」という事後の感覚がそっくりなのだ。

結論から言うと、ジョブズもサンデルも「私たち」という話し方で進めている所が同じなのだ。

ジョブズの口にした私たちは、表面的にはアップルの社員であろう。サンデルの私たちはサンデルと学生のことである。だから本当は、「当事者のみ」の私たちであってもおかしくない。ところが、ジョブズの発表会も、サンデルの授業も、外から見た人に対しても開かれたような「私たち」だ。

その場面を見ただけの人でも、そこに参加しているような錯覚を起こさせる、そのくらいのインパクトがある。それはジョブズもサンデルも、心の底から「私たち」と呼びかけ本人もそう信じているからに他ならない。

口先だけで「皆さん」と言うのではない。「私たち」と心から口にしていくのだ。

17 対話型には原稿不要

対話型で話を進めていくと、当然、「予測不能」のことが多々ある。

つまり想定外の質問が出て、それに応対していくうちに想像していないような流れになるからだ。

そのため、私が研修講師に成りたての頃は、「オープン質問はあまりするな」と先輩に教えられたものだ。

つまりこれは、イエス・ノーで答えられない、「どう思うか」「どうなると思うか」「何故」などの話が進展していく類の質問だ。これは「松本君、場は盛り上がるけども時間のコントロールがしにくい、話がズレるからするな」と言うのだ。

しかし研修講師としてキャリアを重ねていくと、オープン型の質問の方が受講者も「よく考える」のが分かった。だから私のやり方はオープン質問が多い。「何故？」「どのように？」と相手の意見を尋ねていく。これは等しくサンデル式の進め方でもある。学生とあたかも対話するように講義を進めていく。

多くの「教える」ことを仕事とする方は、シナリオをよく作る。もちろん、講義のストーリーや時間配分など、あらかじめ分からなければ進めようがないのは確かだ。

しかし、タブーがある。それは一字一句したためたスピーチの原稿を作ることである。これはサンデルも同じことを主張している。

「私には話し合おうと思っている主要な主題やトピックス、問題の大まかなアイディアはありますが準備された原稿はありませんから」（『サンデル教授の対話術』より）

どうやら大切なことは大きな主題・話したいポイントのみであり、細かな原稿を準備するのではないようだ。特に、対話型の教授法・スピーチには「一字一句記された原稿は不要」と思っておくことだ。

やるべきことはテーマの設定であり、大まかな方向性である。

18 原理と事例を往復させる

私が研修していて、心掛けていることがある。

あまりに高尚な理論理屈、原理原則だけ提示したのでは、「わかりにくい」内容になる。かと言って、あまりにも日常的な事例ばかりでは、分かりやすい反面「ありがたさ」が感じられない。そのため、高尚な理論やデータなら、大新聞やよく知られた経済誌の記事と併せて日常的な事例を話すことにしている。すると、分かりやすさと高尚さが合わさり説得力が増す。

サンデルは、教えている内容がいわゆる「政治哲学」なので、なおさらこの配分には工夫が必要となってくるだろう。

具体的な事例、出来事→原理原則

この方向で進めていくのは「帰納的」である。

原理原則→具体的な事例、出来事に適用

この方向は「演繹的」である。

多くは、このうちの一方向をとり思索を深めていく。しかし、私の言う「わかりやすさ」と「高尚さ」のバランスをサンデルは、上手にとっている。つまり、このアプローチを双方向で行っているのだ。サンデル自身は哲学者ロールズの用いたことばを使いこの双方向でのアプローチを「反照的均衡」と呼んでいる。

「私達が下した判断。それらの判断の根拠となる一般的な原理との間を行ったり来たりすることだ」（サンデル）

対話型で話をすると、いうまでもなく部下は上司の説明をよく聞いてくれる。コミュニケーションもよくなる。

深く考える。

これが講義のように一方的な情報伝達であると、部下はただ聞くだけとなり、気づきも少ない。対話して部下の考える力を身につけ、講義して知識を広くさせる。

つまり、ビジネスの部下育成にも欠かせない手法といえる。

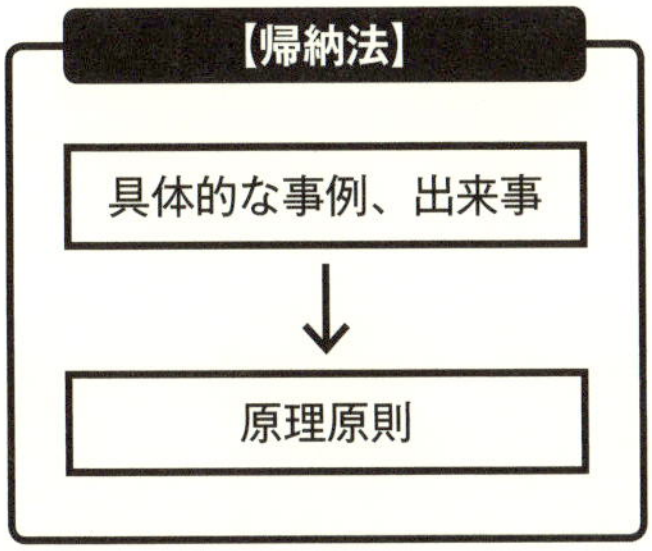
【帰納法】
具体的な事例、出来事
原理原則

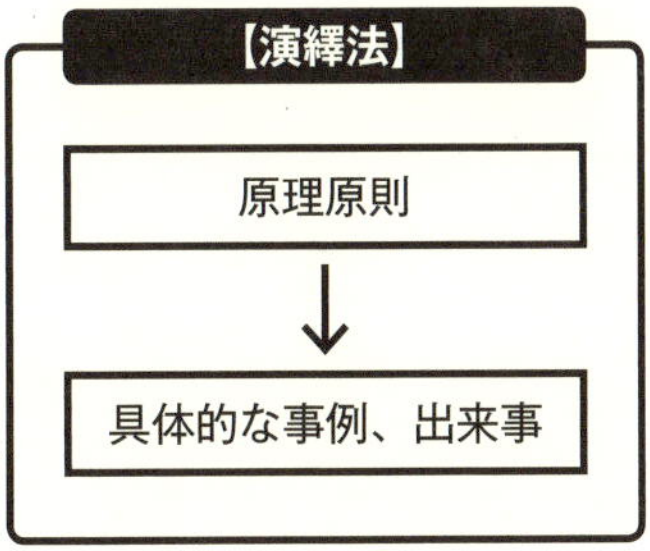
【演繹法】
原理原則
具体的な事例、出来事

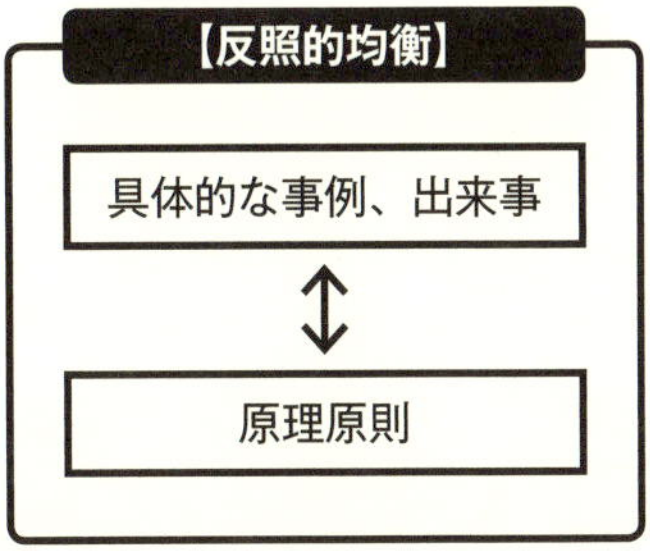
【反照的均衡】
具体的な事例、出来事
原理原則

19

挙手させるのもスキル

プレゼンターを「ガラリと変えて」しまい、「プロ」に見せるテクニックは何だかご存じだろうか?

それは2つある。1つは質問すること。もう1つが手を挙げさせることである。それは、私が27年に渡り、延べ25万人以上の研修受講者を指導してきて実感していることでもある。

質問は、私のプレゼンの受講者に行わせると印象は全く変わる。それまでは、ただの情報伝達だけしているアナウンサーのような感じが、プロのプレゼンター風に一変してしまうのだ。もちろん、慣れていないため始めはぎこちないし、わざとらしい。それでも、ただ一方的なものとは全く違う。

「いいと思いませんか?」

「行ったことのある人いますか?」

「どう思いますか?」

などと対話するように進めていくと、双方向のコミュニケーションが始まる。そして私は、「自分もあのようにしているのだな」という気付きにもなる。

質問の仕方については他でも述べているため、挙手について触れておこう。挙手の大きな目的は「双方向にする」ということ。挙手も質問も全くしないと、一方的になりやすい。ただ質問との大きな違いは、「行動させる」ことにある。

もしも、手を挙げさせることを会議や研修、講演などの大人数の聞き役がいる場で行うと、「あなたのことば」は人を動かせるものとなる。それもできるだけ「早いうち」に行うとよい。

「聞いたことのある人、手を挙げて下さい」

とソフトに言えば命令とはとられない。

すると挙がった手の数で比率が分かる。つまり、情報収集ができるし、それを自分の話に反映させることも可能になる。

面白いもので、始めの早い段階で手を挙げさせておくと、その後いくつか同様に挙手を願っても簡単に参加してくれる。これを、いきなり中盤以降にしても手は恐る恐るしか挙げてもらえない。年に２００回の研修をこなす私が言うのだから間違いない。

どうやら、挙手というのは何回もしていると「手を挙げたくなる」不思議な心理になるようだ。これはいわば「自分も参加したい」という意識だろう。

挙手もまた、自分と相手との間を双方向にしていくためのスキルと言える。

双方向のコミュニケーションをするための手の挙げさせ方

●早いうちに

早い段階に一度手を挙げさせることで、次に手を挙げやすくなる

●命令にならないように

早い段階で挙手をさせると、次の質問をした時に手が挙がりやすい。「参加している」意識も出てくる

20 座学の限界を知る

一方的に教授が「教える」だけ。授業はただ機械のように進められる、いわゆる座学スタイルの授業。

これが一般の学校の、授業のイメージではないだろうか？　あるいは研修も同じで「退屈」「つらい」「眠い」と言ったイメージはいまだに多くある。

一斉に多数の相手の知識を増やすためには、この座学スタイル、一方向のスタイルも役立つことはあるだろう。しかし、受講者は感動するとか納得する、自ら動くというような満足感までは到底味わうことはできない。

私がＡＳと呼んでいる、聴衆満足度（Audience Satisfaction）は座学方式ではムリなのだ。もしも、ノーベル賞学者や好きなタレント、カリスマのような人が話すのなら座学のように一方的であってもいいだろう。しかし、滅多にそういうことはない。

他でも触れたように、まずはサンデルの用いている手法をできることから取り入れ、実践してみよう。

●挙手をさせる

●質問する

この２つでも、一方的ではなくて双方向のコミュニケーションがとれる土台はできていくものだ。そして、基本の心構えとしては、聴衆と自分との間を、「私たち」という考えで進めていくこと。この意識が、様々なスキルを有効にしていくための必須項目と言っていい。

真っ先にあなたが知っておくことは「座学の限界」だ。

一方向の知識伝達ほどつまらないものはない。それでは、１人でＤＶＤを観たり、本を読むのと変わらないだろう。やはり、そこに介在する人間が重要だ。それはインストラクター、講師、先生、先輩などと受講者、聞き手といった人々とコミュニケーションをとることに他ならない。

そのコミュニケーションをあいさつ程度の浅いものに終わらせることなく、サンデルのような教授と学生、学生同士のぶつかり合いにまで深めていくことが望まれる。それにはやはり座学だけではダメだ。

サンデル流はとにかく「考えさせること」がベースになっている。その根底にあるのはサンデル自身の信念だ。

他でも述べたが、このことばに表れている。

「教育とは自分自身で考えることを学ぶこと」なのだ。

「自分で考える」

そのための協力者として自分を捉える。それがサンデル流だ。

一般的な「教える」座学スタイル

↓

退屈・つらい・眠い

サンデルの手法
（挙手させる・質問する）

↓

納得する・考える・感動する

一方的に話すのではなく、「考えさせる」ために質問と挙手をさせよう

21

ムリにオチはつけない

よく、「地域ごとに研修生の性格や反応に違いはありますか?」と尋ねられることがある。

あえてあるとすると、それは東京と大阪との違いだ。

大阪は「実利的」と言っていい。交渉の研修においても、担当者が導入を決めると「まけて下さい」と言う。私は大阪弁はできないが、それを大阪弁でネチネチ(?)とやられるという。

東京は「形式」を重んじる。教育業界では、あまりストレートに「まけろ」と言われることは少ない。物ではないのだから、と考える。

これは実利的だなと思うのは、特にプレゼンの研修をしていて感じる。

例えば、大阪では自己紹介のスピーチをしている時でさえも「オチは?」と周囲が尋ねてくる。ハッキリ言うが、自己紹介は説明なのでオチが元々あるものではない。それでも話を聞くからには「オチ」が欲しい。

オチというのは話の締めであり、そこに何らかの教訓が入っていたりする。または簡単にスピーチを1、2分してもらうことがある。そこでは、東京は普通に話す。しかし大阪は９割の人が「教訓」のある話をしようとする。これは大きな違いであろう。人の話を聞き、「もうかった」と思いたいし、話し手もそれをよく知っているからこうなる。

サンデルの行っている対話型の講義の進め方を考えてみる。すると、ムリに内容をまとめるようなことはしていない。対話型で進めていったらこういう点が浮き彫りになった、こんな意見が出た、次回に繋がるテーマはこんなものとなる、と言った形でまとめる。

下手をすると、「オチ」「結論」を強引につけてしまうような傾向がどうも私たちにはある。やはりそこには「オチ」を求めるような心理が、心の底にはあるのではないか。これだけ時間をかけ話し合ったのだから、特別な結論が出なくては困るとか、ムリに結論を出してしまうことをしがちだ。

次への展望が開ける、問題がハッキリするなど、その手の特別に「オチ」のない終わり方、「オープンエンド」というのが対話型の終わり方だと頭においておこう。

22 対話したいニーズを満たす

サンデルの「白熱教室」がうけた理由は、やはり対話型の講義の進め方にあるだろう。一方的な情報伝達、30年ノートというようにずっとただ読み上げるだけのノート。そんな座学の大学の授業のイメージを変えてしまった。

ダイナミックなサンデルの動き、ジェスチャー。どんどん質問をし、思索を深めさせていくその進め方、リーダーシップ。

私たちが今一番求めているのは「対話」であり、もっと言えば皆が「話したがっている」のが本音だろう。

「私の話を聞いて下さい！」という欲求が強い時代だ。ちなみに私は「リピート率92％」という珍しい研修講師だ。つまり1回研修をした企業から「次回もお願いします」と言われる率が高い。

企業秘密だからあまり言えないが、その大きな理由を教えよう。もちろん研修の進め方や中身は大きい。しかし、それと併せて「受講者同士に話し合わせる」。これがリピート率の高い理由と言っていい。つまり受講者の満足度が高いのは「沢山話ができた」という点。

サンデルは学生同士で言い争いはさせないが、しかし賛成者、反対者に挙手をさせたり、学生に「参加型」の講義を行う。したがって、「自分の意見を口にできた」という感覚に「参加者全員」がなるという不思議な効果を発揮する。

サンデルの教え方を取り入れた対話型の研修に、オブザーバーとして参加したことがある。その先生は、私のように受講者同士にテーマを与え話し合わせることもしているため、受講者の満足度は高い。理由は繰り返すが、参加者が「自分が話せた」という満足度だ。

私の研修を見学に来た研修担当者が、こう言っていた。

「松本先生が教える場面は少ないんですね」と。

そう、私は受講者に沢山話をさせ、私自身が教えることは、時間にしたら本当に少ないからだ。しかし私はこれを「ほめことば」だと捉えている。

もしも本当に参加型、対話型を推し進めていったなら、講師、先生の話す時間、教える時間はグーッと減ってくる。

だから「教えるのが少ない」、というのは対話型で進めている証だ。

これなくしては、会話は対話になり得ない。また、そこさえしっかり分かっていたなら、手を挙げさせたり、反論させたり、質問を繰り返しテーマを掘り下げたりしていくのは全て対話型の進め方と言ってもよい。

ただの会話でなく、対話を目指し探求心の元に進めていくのだ。

23

理解度を図る究極のバロメーターはアイコンタクト

「自分が学生と通じ合っているかどうか、学生が理解しているかどうか」を確かめるのは、学生の目を見れば分かるとサンデルは断言している。そしてこれは、何も政治哲学ばかりでなく、科目に関係なく当てはまることだと。

これは、実はアイコンタクトの「応用レベル」と言っていい。プレゼンテーション能力を高めるために、アイコンタクトを心掛けて話すのは基本だ。

これは、少人数でも多人数でも関係はない。

多人数で、サンデルのように１０００人ともなると、「話している最中」のアイコンタクトは必ずしも「１対１」のように１人の目を見ることはできない。

１人の方向に目を向けると10人、20人という「ブロック」の人が頷いてくれたりする。再び視線を変え１人の方向を見ると、再びその周辺にいる10人、20人といったブロックの人が「自分が見られた」と思う。

ここであまり言われていないことを「実践者」として加えておく。

数百人、１０００人という大人数であると、質問しマイクを向ける時にはアイコンタクトをその本人とできる。しかし、それ以外はあくまでも「ブロック」だ。

Ａブロックに目を向けるとＡブロックにいる20人が、Ｂブロックに目を向けるとその20人がという感じのアイコンタクトになる。ただその時は、現実に１人を見られないため、そのブロックに「体ごと向ける」ということを覚えておこう。

目だけで見るといわゆる「流し目」になる。

つまり体の向きと視線の方向が一致していない。

ちなみに、つま先をその方向に向けると自然に目もその方向に向く。

さて、サンデルが言うのは、アイコンタクトと言ってもただ見るのではない。「本当に私の言うことを理解しているのだろうか?」という観察、判断を含んだアイコンタクトである。

第3章　相手に考えさせるテクニック

24

自分で考えさせるレベル

研修講師をしていて、明らかに自分の教え方が10年前と異なっている点がある。

それは受講者に「考えさせる」という時間を多くとっているということだ。その後でそれらをまとめるような形で私が説明し、教える。

私の場合は、研修に関わるテーマを与え、考えさせ、発表させてから私の見解を伝える。例えば交渉なら、「1つしかないオレンジを2人が欲しがっています。2人が納得するようなアイディアを3分間で7つ出して下さい。例、半分に切る」などというのを出す。

ウォームアップも兼ねているため、隣同士で話し合わせ「後で発表してもらいますからメモを取っておいて下さい」と言う。また3分間と時間を切るのもミソだ。

これらはずっと研修をやってきて気付いた小技である。

「3分」がなくても「メモ」がなくても、ただ雑然とした話でオシマイとなりがちだ。

「半分に切るというのは公平のようですが、お互い不満が残るため必ずしもベストではないかもしれませんね」などとヒントを与えながら話し合わせる。十分に考えさせ、話し合わせ、次に各ペアから1つずつ意見をもらい、1つひとつにフィードバックする。その後に、ポイントである相互満足の話にまとめあげていく。

ただ実習の中には、必ずしもポイントが1つでないこともあり、そのあたりは「シンプルに説明するだけで次に移ること」もある。

このまとめる時点で、私はある種の「結論」をハッキリと示している。しかし、サンデルの対話型の進め方であると、恐らく考えさせ、話し合わせた（受講者同士ではあるが）所で次の項目に移るのだろう。

この形は、従来のやり方に慣れた研修の受講者には不満かもしれない。やはりマニュアル世代だから「解答」が欲しいのだ。しかし、解答が必ずしもハッキリ示されなくても「考える」ことができたのは貴重だ、と思えるような研修は1つの理想ではないか。

私のやり方は研修の時間内のみ「考えさせる」という形だ。今の所。しかし、時には解答のない終わり方をしてみて、受講者自身が帰った後で研修以外でも問題意識を持ち、考えるという「習慣」をつけることができたら「1ランク上」のレベルの内容になる。

サンデルのやり方からは学びとる点は多い。

25 テーマについては事前準備させる

スピーチ上達のコツの1つは、間違いなく事前準備にある。聴衆を分析し事例を用意したり、ストーリーを作ったりリハーサルを繰り返しておく。

研修の場合であると、もう1つ「これがあるとうまくいく」ということがある。それは、参加者に事前にテーマを与えておいて、テーマについて書かせたり考えさせたりをあらかじめさせておくことだ。すると、全くの準備ナシで参加した時よりも、ずっと効果は高くなる。しかしこれは手間暇が掛かるため（テーマ設定や連絡など）、なかなか実行されていない。

もちろん、サンデルはこの手の事前準備をさせておくことは欠かしていない。1000人もの学生に、ただ質問していけばサンデル式が可能になるものではないのだ。

ちなみに、仕事術の中の「段取り」で「時間ドロボウ」の代表と言えるのが会議・ミーティングである。私もタイムマネジメント研修をすると、必ず受講者の声として上がってくる。これも、事前にテーマの根回しを十分にしておけば、パッと会議に入れるしダラダラとしないですむ。

何事も、事前準備は欠かせない。

サンデルのこのやり方は、「ハーバード方式」と言ってもよいのだが、大人数での講義にプラスし少人数の「セクション」と呼ばれているクラスがある。「ゼミ」のようなものと思ったらよい。ここでも、学生はテーマについて議論を交わし考えを深化させていく。このセクションにはTF（ティーチングフェロー）と呼ばれる人がいる。主に大学院生が指導している。1000人なら50以上のセクションがあり、TFが30人は存在することになる。彼らTFとの十分な議論が、大人数の前での講義の事前準備にもなっているわけだ。ハーバード方式のような大々的なシステムは、私達がビジネスですぐには出来ないかもしれない。

しかし事前にテーマについて準備をしておいて、仲間内でコメントをもらったり、リハーサルをするような形では十分に応用出来るはずだ。サンデルが学生にテーマを与え事前に考えさせるように、あなたの話す相手に事前テーマなどの情報を流しておくくらいのことは行ってみよう。

26
答えはいくつもある

サンデルの教え方の中で、終わり方は他でも触れたが、あえて「オチ」「結論」は出さないことは特徴的だ。

この形で終わり、となると答えはいくらでも出てくるし、少なくとも「1つだけが正解」というのではないことにも学生は気付くだろう。世の中に出て学生が社会人として生きていくと、この「正解は1つだけでない」というのが、社会の現実だということに気付く。

少なくとも「代替案」がないと、ビジネスは成り立たないことが分かってくる。Aしかないのではなく、BもCも、あるいはAとBとCのいい所を組み合わせるなどということもある。

それがベースとなるのは、よく「考える」ことである。アイディア、創造性、発想力。ことばは違えど「自分の頭で考える」ことだ。サンデルの講義は、このような「社会人に必須な力」の養える教え方、考えさせ方であると言える。

もちろん、講義中にどんどん質問して対話し、受講者同士にも意見を交換させていく中で「考えさせる」ことはしている。しかし、特にハッキリするのはやはり講義の「締め」のパートだ。ここでさらに次回の講義までにも「考え続ける」ような終わり方をするのが常だ。いわゆるオープンエンド型であり、考えることにも通じていく。

白黒つけることなく、サンデル自身の意見を口にしたり内容を止めることもなく「次回に繋げる」「次回までにもずっと考え続けさせる」ようなオープンエンドだ。

例えば第11回愛国心と正義、どちらが大切？（The claims of Community）の終わりの部分。

「このことは、ある時代のあるコミュニケーションで正しいとされている、善の共通理解に正義を結び付けてはならないことを示していないだろうか」

この問いかけでも十分に次回までの学生の「考えるべきテーマ」となるだろう。しかも他でも触れたようにサンデル自身は「消えて」しまっている。「私はこう思う」などとは一言も口にしないのだ。

さらに加えてサンデルは問いかける。

「それとも、この例を見てもまだ、その主張を救う道はあるだろうか。それについては次回の講義で」

このようなオープンエンドなら学生は「考える習慣を持たざるを得ない」と思うのだがどうだろうか?

27 要約して別の表現にする

サンデルは、学生のコメントを言い換えることがある。目的はその裏にある「根本的な思想」に近づけること、これはさすが政治哲学者と言わねばならない。

プレゼンの研修では、なるべく多くの人に質問を「共有」してもらう。だから、この言い換えは基本的に「肯定的」な言い回しにせよと教えている。

例えば、

「予算が足りないのではありませんか？」

と言われると予算が足りないという印象が共有されてしまう。だから「ただいま予算どりの質問を頂きました」というように質問者のみならず全員に伝える。

サンデル式なら「予算どりの質問だね？」とでもやる所だ。

「現在は難しいのではないですか？」や「ムリだと思いますが……」などには「可能性の

質問が出ました」というように、あくまでもネガティブな響きをとるのがポイントとなる。
サンデルの言い換えの目的は先述のように、「裏にある思想」を探るための言い換えだ。
いくつか例を挙げてみよう。
「2つの喜びのうちどちらを選ぶか尋ねられた時、過半数の人が高級な喜びを選ぶだろうということです」（学生）
「つまりミルは正しかったということだね？」（サンデル）
あるいは、
「数字で表せるものではないと思います。人の命をこの種の分析に利用すべきではありません」（学生）
「全額が低すぎたと言うだけでなく数字で表そうとしたこと自体がそもそも間違っていたというのだね」（サンデル）
また、すぐに言い換えず、他の学生のやりとりがあってから「こういう意見だった」とまとめることもしている。
「僕の意見では、そしてリバタリアンの意見では、彼はその金を公正に稼いだのですから彼のものです。それを取り上げれば定義により盗みになります」（学生）

言い換えをして質問を共有する

「予算が足りないのではありませんか？」

↓

肯定的に言い換える

「ただいま予算どりの質問をいただきました」

「予算どりの質問だね？」（サンデル式）

相手のことばの裏にある思想・
考えを引き出すためにも、言い
換えをする

この学生の後にサンデルは別の学生の反論を取りあげて再び言い換えをし、それから先の学生のことばを言い換えている。時間差の言い換えと言ってもいい。

「『盗みは盗みだが極端な状況においては許される』という意見だったね」（サンデル）という具合だ。

裏にある思想を探る、他の学生の理解度を助けるための言い換え。

私たちも応用してみよう。

28

どんどん反対意見を出させる

私がサンデルの講義を見て、「これはすごいな」と思ったのは反対意見をどんどん出させ、それをぶつけてダイナミックに進めていくやり方であった。

というのは、一般的にプレゼンでも研修でも、あえて反対意見を活発に出させることをしないからだ。しかし、これは日本人の国民性もありアメリカなら考えられないだろう。

講演会の後の質問では、司会者が「どなたか質問のある方は？」と言っても、シーンとしてる例はわが国では多い。私も、何度も体験してきている。質問が出ない時の対処については他で述べよう。ここでは「反対意見」について触れていく。

反対意見を出させるというと、一般には「質問」「質疑応答」の時間で、「予想される質問にどう対処するか」は予め準備することはある。「予算のことを聞かれたらこう答えよう」とか「人員の点をつかれたらこうしよう」などというのはある。

しかしサンデルのように、いわば反対意見のある人は？　というオープンにすることはまずない。一番大きな危険性は、自由に意見を出させると「どんな反対意見が出てくるのか分からない」ことだ。つまり、ほとんど下手すると想定外なため、どう答えていいか分からないからだ。しかし、ここがサンデル式のポイントだ。

「全て自分で答える必要はない」のだ。

その反論に対し同意する者からさらにコメント、意見を出させる。また反対に対しての反対意見も出させていく。

このぶつかり合いの中から、新しい「考え方」が発展的に生まれることさえある。

ハーバード流交渉術で知られるロジャー・フィッシャーとウィリアム・ユーリーは、「双方が満足できる統合型交渉をめざせ」と述べている。

統合型というのは、双方の主張のぶつかり合いの中で、新たな発見、第三の道までもが「生まれる」ことを含んでいる。サンデル式も同じだ。ぶつかり合いの中から生まれてくる発見も大きい。

●反対意見のメリット
ぶつかり合いの中で新しい考え、気付きが生まれる

●反対意見のデメリット
どんな意見が出てくるか分からず、想定外の意見に応えづらい

●サンデル式のポイント
全ての質問や意見に自分で答えない。
反論に同意する人、またその反論に対して反対意見を持つ人に意見を求める

全ての反対意見に自分自身で答えなくても、別の人から意見を引き出していけばよい

29 感情的なケンカにはさせない

サンデルは「多人数」のまとめ役、ファシリテーターのような役を担っている。それは、メンバーの意見を「まとめる」「調整する」という意味においてだ。したがって「冷静に」「ロジカルに」話を学生に進めていく必要がある。ところが自由に発想をさせ思索を深めていくと、時として演出しているわけではないのに「朝まで生テレビ状態」になってしまうことがある。

このようなハプニングこそが、サンデル流の進め方の「面白さ」でもあるが、ここはファシリテーターとして上手に介入していかないと全体の流れが乱れてしまう。

私の今の研修テーマの1つに、「どこまで受講者に介入していくか」がある。この介入とは、例えば「考えさせる」ことをする時にどこまでヒントを言ったり、例を示したり、自分の見解を示すかということだ。もちろん、「介入」は少ない程に受講者が「考える」時間は増え気付くことも多い。それでも「介入」しなくてはいけないこともある。

サンデルの場合、有名な事例がある。学生が感情的になってしまい、半ば「ケンカ」になりそうな状態となった時のことだ。

「セックスには生殖を超えた目的があると思うからです」（男子学生）

「ちょっと待って、それには答えなくてよい。君の質問は分かった。ちょっと静かに。君は質問を……」（サンデル）

このサンデルの介入。

しかし、まだヒートアップした学生は感情的であった。

「その質問に答えたいと思います」（男子学生）

「いや、それは……ちょっと待って」（サンデル）

2度目の介入。そしてサンデルは、2人を学期中にとてもよくやってきたと誉めて、一般的な議論としてあくまでも3人称で、と冷静に対話をすることを伝えている。

感情的になるのは、冷静に話し合うのが暗黙のルールとしたら、ルール違反、反則だ。介入は、公平な「レフェリー」の目が必要だ。そしてタイミングも大切。

ヒートアップした学生に対してサンデルは、レフェリーとしても一流なことを示してくれる。

30 結論が出なくてもヨシとする

私たちは、ビジネスで常に「結論」を求める。

いうまでもなく、結論のない会議もなければ、結論のない報告などというのもあり得ないだろう。上司は常に「結論は?」「言いたいことは何?」と言う。

この点、サンデルの対話型の講義というのは大きく異なっている。

それは、オシマイは常に「オープン」であり、こうだ、という結論が必ずしも出ない。しかしそれでヨシとする。というか結論を出すことそのものが目的ではないからだ。

「オープンエンド」とは言っても、ただ意見をバラバラに出させオシマイにするのとは大違いだ。いわば「発展的」に終わる。大きな目的は「自分たちで考える」という習慣をつけさせること、これはポイントだ。

まず対話型の講義に参加した場合、よくじっくりと「深く」考える。さらに終わった後も「果たしてどうなのか?」という問題意識を持ち考えるようにする。

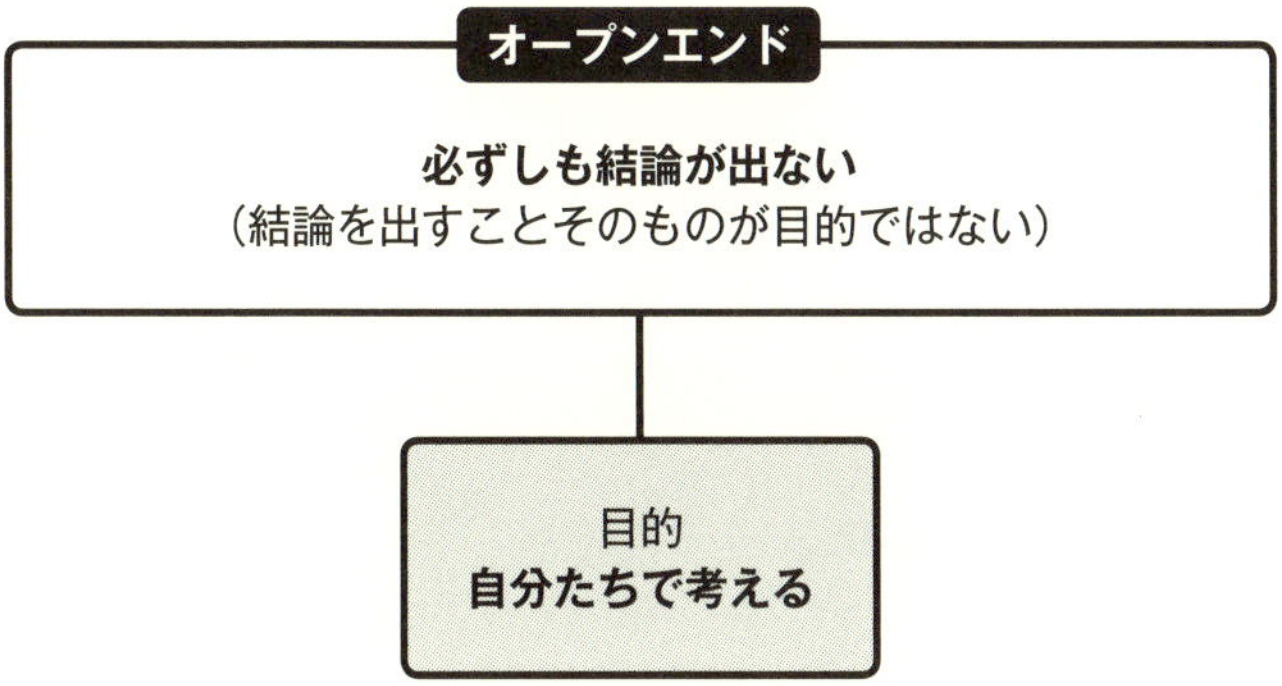
オープンエンド
必ずしも結論が出ない
（結論を出すことそのものが目的ではない）
目的
自分たちで考える

ただ意見をバラバラに出させて終わりにしない。発展的に終わらせて考えさせよう

一般的に、ビジネスパーソンの問題と言うのは、理想と現状とのギャップだ。例えば、売り上げの数値目標が○○円なのに現状は××円だ。だからそれを何とかしていこう、という問題解決をする。

しかしサンデル式で考えるとこれは何も、理想とのギャップやビジネス上のことのみに限らなくなってくる。「自分で考える」というのはどんな対象であっても自分で取り組んでいく。

「アレ?」

「どうしてこんなことになったか?」

「何故なんだろう?」

というように考え、考えるテーマ、問題を自分で発見し、人から言われなくても自発的に取り組める人間を作っていける。サンデル式ならば。

私は研修をしていて、サンデル式を大きく取り入れるように試みている。

何か変わったか? もちろん受講者の考える場面が増えた。しかし、それ以上に「講師の自分」も考えるようになった。素晴らしいことだ。

教える側こそが、もっと考えなくてはならない。

31
論破について考える

相手を徹底的に言い負かす。

論破する、というのはWIN・LOSEの関係だ。

しかし、心理的にいつでも相手と握手するWIN・WINでは不満足という人もいるだろう。私のネゴシエーション研修の受講者の中でも、そういう人がいる。

「確かにお互いが満足する交渉が理想なのはわかります。ただ時には思い切って相手を倒したい、と思うんです」と言うのだ。一理ある。

私たちは「他人に勝ちたい」という思いは多かれ少なかれ持っているものだ。私も、特別に人と争うことは好まないが「こいつだけは」と思う局面は今でもある。

傍から見たらバカらしいのだけれども。

私は今「論破」を研究しているが、ただし「KO」してしまうくらいに100パーセントやっつけるのはやめた方がいいと結論づけている。少なくともビジネスの世界では、継続的な取り引きが大半だ。だから論破し、打ち負かしすぎると必ず後で、恨まれるし、カウンターを放たれてしまうだろう。

相手を言い負かしたい心理は誰にでもある。しかし、それをそのまま行うのではなく「ここまでやっつけたら自分の勝ち」というラインを予め定めておくのも、論破におけるルールだと私は考えている。

例えば「相手が話題を変えようと言い出したら自分の勝ち」や「マイッタな」と言わせたら勝ち、というような自分だけの取り決めだ。

100パーセントやっつけない、ここまでで論破したら自分の勝ち、といったラインを決めておく。この2つがしっかり守られたなら、ある程度言いたいことは口にできスッキリするであろう。

ガマンすること、しすぎることは心にも体にもストレスになりよくない。

このような予めの「枠」を決めておいた上で、話をしていくのはサンデルの教授法と同じだろう。学生に自由に話し合わせているようでいて、実はサンデル自身の決めた枠の中で話をさせる。枠と言ってもそれは相当に幅広い。

ただし、枠から外れそうになるとサンデルは、時にジョークで、時に質問をまじえながら枠の中に戻していくのだ。

私たちもビジネスなら枠の中で自由に、という発想は取り入れてみたい。

枠と言うのは例えば、社内ルール、信念、信用、法律、倫理、というような必ずしも数字の入りにくいものかもしれない。

しかし、そこをあなたが判断し「自由に」発想させていく。意見を出させていくような場を作ってはいかがか。

32 現場でいかに活用するか

サンデルのことばの中で、私が好きなものに「本来哲学とは現実の世界に繋がっているものなのだ」がある。

中村天風は「How to do」が大切だと説いた。いかに用いるか、活用するか、がいわゆる「教え」にあっては欠かせない。ちなみに中村天風については『図解・速習　中村天風に学ぶ』（総合法令出版）に詳しい。ここでは日本初のヨガ直伝者で、死病をそのHow to doで克服した実践家であったと述べておく。

私が研修していると、最近急増しているのが「現場でどう使うか教えて欲しい」と言われることだ。これを、受講者のみならず研修の担当者も口にする。

本来は「現場でどう使うか」は自分の頭で考えるのが当たり前であった。ところがやはりマニュアル世代だ。そこまで教えてもらわないと分からなくなっている。この辺りの常識の欠如というか、世代の無自覚は、欽ちゃんこと、萩本欽一氏も嘆いていた。

昔はお寺の境内で遊んでいても、何をしてよいか悪いかが分かっていて、悪いことをするとお和尚さんに叱られた。しかし今は、「鳩にエサをやらないで下さい」「鳩に石をぶつけないで下さい」などと1つひとつ貼り紙をしないと分からなくなっているという具合だ。こと細かに伝えないと「本当に分からない」のだ。しかし、嘆いても始まらない。指導の仕方を変えなくては。

ただし、やはりどこかに「考える余地」を残しておかないと、脳の働き「考える機能」は低下してしまうだろう。私は草の根的に「できることからする」ことにしている。

例えば研修の中であえて『考えさせる』時間を多く設け、受講者に少しでも考えさせる習慣をつけさせるようにしている。研修の前にも、なるべく課題を与え考える時間をとらせる。研修の進め方は質問を多くし、必然的に考えさせる中身にしている。

これは、私が研修という仕事の中で「1人でも多く考える習慣」を受講者が身につけて欲しいという願いから出ている。

あなたも「自分のできること」でいいので1人でも多くの人に「考えさせる習慣」をつけるような行動をして欲しい。

これは実はサンデルの願いでもある。

33
もっと自分で考えさせる

研修をしていて、「手取り足取り」教えてもらいたい受講者は増えている。以前なら「自分で考えて当然」だったことまで全て教えてもらいたい。つまりは「自分で考えるのが面倒」なのであり、もっと言えばそんなことすら考えてない。「全て教えてもらって当然」と思っている。

他でも述べたが、昔は「現場でどう使うか」は、研修で学んだことをベースに「自分で考える」のが普通のことだった。しかし時代は移り変わり、研修担当者までもが「是非、現場でどう使うか教えて下さい」などと言う。

そんなことは自分の頭で考えるのが当たり前なのだ。しかし、そういう考え方は少々すたれてしまってきている。残念だがそうだ。

私はサンデル同様に、これからの教育、研修の役割は「自分で考える力をつける」ことにあると考えている。

「考える」ことはすぐに身につくものではない。しかし、習慣化してしまえばムリに「考えよう」としなくても考え始めていることになる。

まず手始めに、1日のスケジュールの中に「考える」という時間をあえて設けるようにしたい。これは、問題の解決策を考えることもあれば、目標の実現のためのプランを考えることもある。あるいは仕事の進め方、手順を考えることや自分の将来について考えるということまで考える内容は多岐に渡る。

ピーター・ドラッカーのことばで「マネージャーにとって一番大切なことは時間をプランすること」というのも、プランを考えることであり、やはり考えることの大切さを言っている。

始めはスケジュールだから半ばしかたなく考えるかもしれない。しかし慣れるとほとんど意識しなくとも考えられるようになる。

要は習慣にしてしまうことだ。もちろん対部下や後輩、研修なら受講者であり学校の先生ならば生徒に対し、もっともっと考えさせるように仕向けることだ。

まずは相手に質問すること。

質問を繰り返していくうちに相手はよく考えるようになっていく。

コラム 〈哲学者としてのサンデル〉

サンデルは政治哲学を教えている。しかし、ソクラテスやプラトンのような「哲学者」に本人は近いのだろうか？

私は20代の頃、インドの哲人クリシュナムルティにはまり、その思想を理解しようとしたことがある。ブルース・リーも心酔していたという。

例えば「怒り」や「恐怖」という感情があったとする。普通は、私が怒りにとられているとか、私が恐怖に感じていると言った捉え方をする。しかしクリシュナムルティは、恐怖や怒りが実は「あなた自身」だと気付かせるようなことを「対話型」で行っていたのだった。

実際に対話をしていても、クリシュナムルティは「考えさせる質問」を多く用いていた。

「快楽と喜び、歓喜、幸福はどんな関係にあるでしょう？」

「では何が起こるでしょう？」

「行為とは何でしょう？　何故なら人生は行為だからです」

クリシュナムルティの残した対話集やことばは、サッと通り過ぎることができずに必ずよく「考える」ことを求められる。あるいは「ドア」ということばは、文字とドアそのものとは違うとか。そう言われると確かにことばはそのものではないとか、レッテルを貼り物事を眺めていると言われると考えは深まっていく。

クリシュナムルティは、歴史上の哲人と言われた孔子やソクラテスと並ぶインドの哲人と称された人物だ。

ここでは、何も彼の考え方を伝えるのが目的ではない。ここでは、クリシュナムルティの話の進め方というのは、とてもサンデルに似ているということを指摘しておきたいのだ。

私はいまだかつて、サンデルの対話の進め方が哲人クリシュナムルティと似ていると述べた人は見たことがない。しかし、これは実際にちょっと比べてみるとよく分かるのだ。

私の言いたいのはインドの数百年に一人の賢人、哲人とサンデルが似ているということだ。特に相手に「深く考えさせること」、自分自身を「消して」しまうことはそっくりと言っていい。

結論としてサンデルは「哲人」なのだということだ。

つまり、自分自身で考える力をつけるのが教育の役割と言うサンデルだが、実は、自分自身が思索し考えることを習慣としている現代の哲学者だというわけだ。

第4章　相手の考えを引き出すサンデルの質問術

34

サンデル式7つの質問術1

サンデルは質問の仕方が巧みだ。

言うまでもない。

何故なら、「双方向」での教授法をマスターしているからだ。もしも、サンデルが「一方的」に情報を伝えるだけの教授であれば、元々白熱教室などは成り立たないのだ。

ここでサンデルの用いている主な質問法を7つご紹介しておこう。折りに触れてあなたも実践してみてその効果を味わって欲しい。

1、行動を促す質問
2、全体への質問
3、個人への質問
4、名前を尋ねる質問
5、反対者を探る質問

まとめた。

6、レトリック質問

7、オープン型の質問

他で詳しく触れている項目もあるが、よりサンデル式を理解してもらうため次のようにまとめた。

1、行動を促す質問

サンデルの場合、具体的には手を挙げさせる質問を用いている。一方的に講義を進めていくのではなく、合間に挙手をしてもらうことが大切だ。その挙手の具合により、参加者の多数意見を推し量ることが出来る。つまり、自分で場をコントロールし、進め方を考えていくことがアドリブで出来る。サンデルは、原稿なしにアドリブで進めていくように見えるが、このように挙手させることで、参加者の意見を見極めるようなこともしている。

私も研修では歩き回ったり、ペアを作ったり、3人組にして話し合わせたり、行動を促すようなことはよく行っている。

「3月生まれの方いますか?」（挙手を促す）

「では、今手の挙がった方は席替えをしますので、荷物をまとめて引越ししましょう」

（歩かせる、動かせる）

2、全体への質問

全体に質問を投げかけると全員が考える。

この考える時間というのは、双方向のコミュニケーションにするために、また深く内容を理解していくために欠かせないことだ。7つのオープン型の質問と組み合わせることもある。つまり、全員に対しオープン質問で考えさせる。

「何故気に入らないのか？　どこが悪いのか？」などというのはその代表だろう。

35 サンデル式7つの質問術2

3、個人への質問

「ジュリア、もう少しそこの所について聞かせて欲しい」というのは、個人への質問である。「風見さんはどう思う?」「三田村さんの意見は?」といった類の質問だ。

これは、緊張感を伴うため人数の多寡に関わらず聴衆が眠らないという効果もある。また、指名された人は、サンデルとの個人的な絆も感じるため、その後もよく理解しようと努めてくれる。いわばファンになる。

4、名前を尋ねる質問

これは他でも触れるが、サンデルは質問して答えた後に「君の名前は?」というパターンも多く用いる。しかも、その後に「今のジョーの意見は素晴らしい」などとやるため、これはある種「ほめる」のにも似た効果をもたらしている。

例えばこんな言い方。
「実に面白い、名前は？」（サンデル）
「ヴィヴィアン」（学生）
あるいは、
「素晴らしい質問だ。君の名前は？」（サンデル）
「アマディです」（学生）
「アマディ」（サンデル）
「はい」（学生）
「ありがとう」（サンデル）

5、反対者を探る質問

「金持ちに課税するのは間違いだと思う人は？」

「今のジョーの意見に反論のある人は？」

というように、あえて反論を表に出すような工夫もサンデル流と言ってよいだろう。言うまでもなく、反対意見を引っ張り出すことにより場が「活性化」する。

①行動を促す質問

手を挙げさせると参加者、その場にいる人の多数意見を推し量ることができる

②全体への質問

全員に考えさせ、深く内容を理解する
双方のコミュニケーションになる

③個人への質問

緊張感が出る
相手との距離が縮まり、相手もより理解しようと努める

④名前をたずねる

「ほめる」のにも似た効果をもたらす

⑤反対者を探る

反対意見を出すことで、その場が活性化する

⑥レトリック

質問をして、自分で答えてしまう。メリハリが出る

⑦オープン型

イエス・ノーで答えられない質問で、相手を考えさせる

6、レトリック質問

これは、自分で全体へ質問してそのまま自分で答えてしまうやり方だ。

「しかし私達が理性を実行する時、全員が同じ道徳法則を見つけ出すという保証はどこにあるのか？　カントの答えはこうだ……」

「だから人々はその状態から離れたくなる。どうやって離れるか？　そこで『同意』の出番だ」

レトリック質問を上手に使いこなすのは、雄弁家の条件とも言える。

7、オープン型の質問

これはイエス、ノーでは答えられない、相手に考えさせる質問を投げかけること。サンデルの質問の大半はこの「相手に考えさせる質問」の連続と言ってよいだろう。

36 誰を当てるか工夫する

サンデルは学生に質問をし、「誰を当てるか」については相当工夫している。始めから手を挙げっぱなしの学生は、自分の意見を言いたいだけなのであまり深く考えていない。だから「よく考えている」ような学生を見抜いて当てる。

私も何度も失敗している。

あまりにニコニコし、頷きが「大き過ぎる」受講者は、当ててみると思いの他、中身をよく聞いていないことが多い。だから今は大きく頷いたり、ニコニコが過度な人は当てるな、とさえ言っているくらいだ。

質問は全体に投げかけ、「考えさせる」とか、単調な教え方・伝え方を避けるためにメリハリをつける効果を狙うとか、目的を持って行うものだ。

もしも目的が、「場を活性化させる」ことであれば、当てるのはムードメーカー的な人である。彼、彼女の答えで場が盛り上がり、「ワーッ」と歓声が上がるくらいのピッタリな人を当てたい。

「目的に合った人に当てる」のも指名し質問する時の心得だ。

学校形式の座る場合なら、「この列の人」「2列目の人」と列を1つの目安とし、「順番に」指名していく手はある。中には手を挙げる勇気のない人もいるし、常に手を挙げる人が決まってしまっているような時には、「変化」をつけ、多くの人のコメントが欲しい場合に行うのも手だ。また後3人、後2人と予め自分の番が分かるため、少々頭の中でリハーサルできるのもいい。

多少なりとも「準備時間」があると、いいコメントも出やすい。

万一「眠そうな人」がいたなら、直接その人を当てても答えは出ない。その時は、その人の隣とか前とか、周囲の人を指名していくのはよい。これは講師生活27年の知恵でもある。

誰を当てるか。

これは思ったよりも奥の深いことだ。

37

常に指名する

サンデルの対話型の講義は、「個別質問」「指名質問」が大きな柱となっている。指名し、意見を吸い上げ、全員に投げかけ考えさせる。あるいは、サンデルの話したことに賛成か反対かを問いかけていく。

元になるのは指名である。

ここから、サンデルの講義が流れ始めていく。

「何故彼らの行為は道徳的に許されると思うのか。君」

「では他の人はどうだろうか。費用便益分析を弁護できる人はいないかな？　いいことだと思う人は？　はい、どうぞ」

「では道路を使うことや税金を徴収することよりももっと重い問題について話をしよう。命はどうだろう。徴兵制はどうだろう。はい、どうぞ」

ここでサンデルが「はい、どうぞ」と言うのは、その時点で相手の名前が分からないためだ。

私の研修だと「名札」があるため、「ハイ、佐藤さん」「ハイ、田中さん」と指名していけるが、ポイントは「1人の人」に当てるということだ。これは一方的に教えるのと違い、特に「緊張感」が出てくる。もちろん居眠りなどする暇もない。

そして指名した後にサンデルは感謝のことばを入れている。

「君の名前は？　ジム、ジムありがとう」

という具合だ。あるいは「ミーシャの意見は素晴らしい」とほめるようなこともある。

つまり、指名したらフォローしておくのが鉄則だ。

私がプレゼンの指導の中で、「質問を入れよう」と言うと、どうしても受講者は「突然」質問した感じになり不自然だ。これを防ぐには、質問する前の「セリフ」が欠かせない。

これについては項目を改めよう。

38 指名質問前には必ず説明する

日常会話でも、いきなり質問をしても相手は聞いていないことがある。

「どう思う?」「エッ何が」なんていう感じになる。これは研修や講演、人前でスピーチをしていても全く同じだ。

相手は、必ずしも話し手の一言一句を、１００パーセントキャッチしてはいない。

ほとんど説明なしに「山本さん、どう思いますか?」とやっても、山本さんがパッと答えてくれるのは、むしろ相当にラッキーなことと言える。

大半は「よく聞いていない」と思っていい。

サンデルが上手いなと思うのは、指名質問する前には必ずあたかも「セリフ」であるかのように説明をしっかりとしている。

質問のポイントを要約してから当てているのだ。これは指名質問の鉄則と言っていい。

いきなり説明なしに当ててはいけない。

「誰か他にジュリアンと同じように、私にはまだ金を支払う義務があると考える人はいるかな？　ただし他の理由で。君、立って」

というようにいきなり「ハイ」などということはせずに説明してから当てる。

「この意見に反論したい人は？　アファーマティブ・アクションに対する批判を訊きたい。君」

これも「反論のある人、ハイ」という形になりがちだ。しかし、サンデルは「アファーマティブ・アクションに対する批判を訊きたい」としっかりと質問を明確化している。

もう1つ。個別質問前は、質問を明確化し絞り込むことで答えやすくなるという例だ。イエス・ノーで答えられるクローズド質問ではないものの、意見を求められることとしては相当に絞り込まれている。

「もし善と悪が衝突したらどうするか？」という反論が出たが、「コミュニタリアニズム的見解そのものに反対する人、愛国心は偏愛の一種であり乗り越えるのが理想だと考える人は？　君」という形で質問前の「前フリ」だ。

この後、学生の意見が出た後に、反対意見を出させて話を繋いでいくサンデルは、芸術的な講義の進め方をしていく。

指名質問する時の鉄則

質問を要約してから当てる

↓

ポイントが明確化される

↓

相手が答えやすくなる

いきなり質問をすると、質問の意味を理解できていない人も出てくる

39 指名はこんなバリエーションも

サンデルの対話型の講義は「質問」により成り立っている。しかし、1000人という人数なので、名札を準備しておいて名前を呼ぶという指名はできない。だから、サンデルのやり方は指名し発言させてから名前を尋ねるという手順だ。これはすでに他でも触れている通りだ。

私たちが用いるのなら、名札のあるようなケースでは名前をしっかり呼んで1対1のコミュニケーションをとる。また個人情報保護法の誇大解釈で名札のない研修会場もある。ここはまともにサンデル式でいけばいい。

当てて発表してもらってから名前を尋ねるのだ。

今までは私も「この研修会社」「この担当者」は、仕方ないなあ、名前が分からないよ、と文句タラタラでいた。というのは私の研修スタイルそのものが、個人を指名し進めていく1対1のスタイルだからだ。

しかし何のことはない。サンデル式でこの文句は口にしなくてよくなった。「じゃあ、お願いします」と言って指名し、「お名前は？」と尋ねる。ここで個人情報だから言えません、などと言う人は、何万人中１人もいない。「田中です」と言われたら、時には、サンデルのようにほめていくこともある。「さすがですね」とか「田中さんの着眼点はすばらしい」と言ったりする。

もちろん田中さんは内心嬉しいのだ。

指名のみならず「工夫する」というのは大切なことだ。

私は研修では、ほぼ休憩ごとに「席替え」を行っている。というのはペアワークが多く、いつも同じ相手では「慣れ」もあるし、「手の内」が分かってしまいやすいために相手を変えたいからだ。

このバージョンはいくつもある。

全員で動くとやっかいなので私のやり方は「半分だけ」だ。この時も「席替えします」と言わずにユーモア混じりに「引っ越しします」と言う。

ジャンケンで、勝った人、負けた人。

この辺りまではすぐに思いつくだろう。

他は誕生日の生まれた日にちの数が、多い人、少ない人。名前の画数の、多い人、少ない人。兄弟の数の、多い人、少ない人。というようにいくつもバリエーションを用意する。

スピーチの順番も、カードに参加者分の数を書いて、それを全員に1枚ずつ引いてもらう。普通は「3」を引いたら、順番は3番目と参加者は思うがそうはしない。「思いついた数を言います。トップは7番の人」と言ったやり方でやってみたり。

バリエーションを持たせる工夫をしよう。

40

質問を投げかけるための大前提

サンデルは、ただ無目的に質問してはならないと説いている。

質問は相手に「考えさせる」ことができるし、講義の単調さを防ぎ、双方向のコミュニケーションを可能にする素晴らしい方法だ。

しかし、サンデルの言うように、ややもすると目的もなく「思いつき」で質問するようにもなりがちだ。それでも一方的にペラペラやるよりはマシだが、質問を使うのなら効果的に使いたい。

サンデルの説いている、質問を用いるための大前提を紹介しておこう。

1、意見交換からどのような議論を引き出したいのか

2、その意見交換をどのように利用するのか

この2つをハッキリ自覚し分かっていない限りは、「学生に質問を投げかけないこと」だとサンデルは言う。

つまり1については質問し、そこから議論を発展させていく。

サンデルも言うように、それは「意見交換」させるのだ。ただ単発に質問し、メリハリをつけた講義をするような「話法」レベルでの質問ではない。もっと全体の流れに繋がり、深く考えさせ、さらに話を活性化させることも見通して質問をする。

ということは、当然ある程度の準備は必要だ。つまり、「この辺りで質問を入れよう」と考えておくこと。思いつきでは全体の流れには繋がらないし議論は発展しにくい。

2については「利用」とあるが、その質問をさらにまた次の質問とからめていったり、次の質問との「つながり」を考え、それがあるのなら質問しろ、ということだ。一言で言うと「質問は戦略的に」ということだ。考えなしの質問は愚かしい。

私も、今までに話法として研修の場にメリハリをつけ、盛り上げるタイプの質問が多かった。もちろん「考えさせる」タイプの質問もしてはいるが、実は必ずしも戦略的とは言えなかった。

質問は戦略的に。

忘れてはならないと、自戒をこめて言いたい。

41 もう1回質問する

サンデルの質問の仕方を研究していて、やはり自分のやり方に加えてみたいなと思ったことがある。

それは質問を「次につなげる」という考え方だ。

他でも触れたように、目的がなければ質問するなと言うくらい、サンデルは、目的につながる全体のストーリーと合った質問をせよ、と説く。

ただしこれは、教授や講師と言ったプロ向けのアドバイスだ。

日頃、大勢の人前で話す習慣のない人や、キャリアの浅い人が、いきなりそこまでの質問にはもっていきにくい。

そこで、私はまず「もう1回質問すること」を提唱したい。

つまり質問を単発にせず、もう1回だけ「深める」「さらに考えさせる」ような内容を加えてみる。

下手すると「どう思いますか？」と仮に質問をして、相手の答えが出たら「そうですね」「なるほど」くらいの軽いリアクションで次の話に移ってしまうこともあるだろう。

これでは、やはりただの話の中の話法でしかない。つまり「双方向にする」「メリハリをつける」くらいの効果だ。

もう1つの質問を加えるには、さらにそこに深みを出すようにする。

例としていくつか挙げてみるので参考にして欲しい。

「逆も考えられませんか？」

「そうですか。違う可能性は考えられませんか？」

「どんな方法が考えられますか？」

「何故でしょうか？」

「なるほど。他に例はありますか？」

というように、1つの質問をした後に答えが出てきたら再質問してみる。

私自身、必ずしもこのような「再質問」を多用はしていなかった。しかし今後は、「2回質問する」という技法を用いてどんな話の広がりがあるか、深まっていくか、楽しみに見ていこうと思っている。

質問を次につなげる

目的、全体のストーリーと合った質問をすること
しかし、初めは難しいため
まずは、もう1回質問をしてみる

例 質問に対して、相手の答えが出たら

「具体的にはどんな方法が考えられますか？」

「逆も考えられませんか？」

「何故そう思うのでしょうか？」

単発の質問を多くするより、
再質問をして考えを深めていく

42

全体を見わたし進めていくこと

サンデルは、これまで繰り返しているように「1000人」という単位を相手に講義している。

日頃私たちが会議をしても、小集団で活動をしていても、なかなかそこまでの人数を対象とすることはないだろう。サンデルがそれだけの多人数を相手に、どのように全員をコントロールしているのかを見ておくのは決してムダなことではない。

質問の仕方そのものは、他でも触れている。しかし、その時「全体」をどのようにコントロールするのか？

例えば、質問をして右端の列の人に当てたとしよう。1000人は当然その人に目を向ける。全体とのバランス、分かりやすさを考えたなら、当然「反対意見のある人？」と質問したなら、逆の左側の列の人に当てたらいい。

実際にサンデルもそのようなやり方をとっている。

ただ質問の中身のみならず、「型」「見え方」も考えている。

ちなみに、プレゼンターとして人前に立つと、右利きの人はボールを投げる方向、つまり自分から見て左サイドに視線が行きやすくなる。したがって、視線は送りにくいが、時々自分から見て右サイドにも目を向けていくとバランスがとれる。

意識しているだろうが、サンデルは指名1つとっても、常に「全体」を眺めて進めているのはさすがと言える。30人だろうと、1000人だろうと、常に「全体」を眺めて話を進めていくことを考えよう。

そして、一方的に自分の話ばかりを続けないこと。メリハリに欠け単調になるし、大体エキサイティングにならない。つまり聴衆を引き込むことができないのだ。あなたの話の最中に、今日の晩ご飯のこととか、デートのことを考えさせてはならないのだ。

グループ全員をコントロールしていくこと。ただし、全員と一度に会話し演説してはいけない。1対1のコミュニケーションをとりながら、しかし「全体」をコントロールしていくようにするのだ。

1対1で目を見て語りかけ、質問していく。

ただしそこには、常に「全体」をも考えながら進行していく目が必要となるのだ。

43

見当はずれな答えには

質問中心で話を進めていくと中には、見当外れ、ピントのズレた答え、が出てくることがある。研修ではもっとそれ以前のヒドイ例が多くあって、そもそも「よく聞いていない」なんて言う受講者がいることもある。質問して指名し「エッ、何ですか?」なんて言う人だ。

ハーバードの学生と比べること自体おかしいのかもしれないが、その点でサンデルは恵まれている。受け手の意識がとても高いからだ。「学ぼう」という意欲が違う。

さて、質問者の意図を正しくつかんでおらず、見当違いな答えを言われたら、どうやって返すか?

サンデルの対処の1つは、ジョーク風にして切り替えすやり方だ。と言っても、いきなりのジョークは相手を否定したことにもなりかねない。だから「ほめる」「認める」ことをしてその後でジョークを口にする。これなら相手も傷つかない。

私が、サンデルの講義を「気配り型」と評する理由だ。

私もよくあるのだが、具体例、実例を出すとその細部にとらわれてしまう人がいる。あくまでも、テーマを証明したり分かりやすくするための例であって、具体例そのものがメインではない。

私の例で、「細部を詳しく語れ」というテーマで具体例として、犬が可愛くて出社しようとすると足にしがみつき離そうとしない、というような話をしたことがある。あくまでサンプルだ。ところがその犬について質問してきた受講者がいた。犬の話は具体例でサブ、メインは「細部を語る」ということだったのに、だ。

サンデルはどのように切り抜けるか？

テーマは「暗黙の同意の有効性」だ。例として「納税システム」を出した。ところがその例として出した納税システムについて話した学生がいた。もちろん見当外れだ。サンデルは「確定申告の時は自然状態にした方がいいね」とユーモアで返した。そして再度「質問を説明」し直したのだ。

他にも、理由が行き届いていないかもしれない学生への配慮である。

「私が聞きたいのは実際に何かに同意したわけではないから、何の義務も負っていないのか、ということだ」と。

つまり、ジョークで返し、再度質問をシンプルに説明し直す、というのが見当外れの答えへの対処法と言える。

もし見当違いの答えが返ってきたら……

●ジョーク風にして切り返す

㊟いきなりでは相手を否定することにもなるので、「ほめる」「認める」ことをした後で、ジョークを言う

Point

ジョークを言った後に再度質問をシンプルに言い換えて伝える

ただジョークを言って終わりにしない。再度質問をし直そう

44 説明してくれと言う

私は研修の中で相手の意見を出させる時に「あなたの意見は？」という言い方はほとんどしない。「山本さんの意見を教えて下さい」と言う。

「教えて下さい」と講師が口にする。「講師は一方的に教える側ではありませんよ。あなたの意見も尊重して聞きたいのです」というメッセージが「教えて下さい」の中には入っている。

ところが「教えて下さい」とやると、中には長々と自説を述べる人もいる。

さあ、どうしたらいいか？

ここでロジカルに短くまとめてくれというのを「教えて下さい」のように一言で言うとどうなるだろう？

「あなたの説明を」

「説明して下さい」

「説明してもらえますか?」

という言い方がよい。

これは私もつい最近研修の中で試し、効果を確認している。「30秒くらいで」とか「20秒くらい」と時間を指示するともっとよい。

私が有利なのは、「これはいいのでは?」と思ったアイディアを即研修の中で試してみることができるという点だ。サンデルのように、学生がかなりウォームアップされた状態なら、あえて「説明してくれ」と言わずとも「それで?」でも十分だ。

「説明して」と言われると、言われた側は何とか「ロジカルに」「わかりやすく」と心掛けるため、結果としてただ話をさせるよりも、ずっと他の人たちにも分かりやすくなってくる。

「詳しく説明お願いします」

「説明をもっとしてもらえますか」

「そこの所もう少し具体的に説明してもらえませんか?」

というように相手とコミュニケーションをとることで、特にビジネスなら、「あの時ああ言った」「行き違い」「そんなこと聞いていません」などというコミュニケーションの

「ミス」を防げるようにもなる。もっと相手に説明をさせるようにどんどん話させるのだ。しかもロジカルにさせるのが「説明してくれ」の力だ。

「忠誠心や連帯に基づく特別の義務の根拠は何だろうか？　説明してくれないか？」（サンデル）

相手の意見を出させる聞き方

「教えて下さい」
⇒自分の意見を長々述べる人もいる

「あなたの説明を」

「説明して下さい」

「説明してもらえますか？」
⇒相手はロジカルに、分かりやすく
意見をまとめようとする

だらだらと話が長くなると、意見のポイントが分からなくなる。
これを防ぐためにも「説明をして下さい」と言おう

45 質問が出ない時はこうする

「どなたかご質問は？」と言い受講者、聴衆がシーンとしていることはないか？

これは、盛り上がらないし、話が深まらないし、困った状況だ。

そもそも質問が出ないこと自体、「ためにならない」「話が面白くない」こともあるし、受講者の参加意識が低いことでもある。

私がよくやるのは、自分で「ここまで来ると、じゃあ現場でどう使ったらいいのかという質問が出ることがあります」と言い自分で答えを説明していくやり方だ。

自分で「こういう質問がよく出ます」と言い説明してしまうのはメリットが大きい。

というのは、あまり質問が出そうにない状況で「どうですか？」「どなたか質問を？」「何でもいいです」とやっていると、多くは足を引っ張るようなネガティブな質問の内容になりがちだからだ。あるいは本当にどうでもいいような質問になったりする。

「先生のしているヴィヴィアンのベルト、どこで買ったんですか？」と本当に言われて閉

質問が出ない時の対処法

- よくうける質問を自分から言って答える
- 「ありがとうございました」と終えてしまう
- これまで話した内容をまとめる（復習する）

「場を盛り上げる」「内容を深める」などの目的がないなら、無理に質問を出させなくてもよい

口したことがあった。本題と関係が全くない。

さて、それでも質問が出なかったら？

これはもう「ありがとうございました」と言って終えてしまうに限る。サンデルのように「場を盛り上げる」という意図、「内容を深める」とか「参加者同士の意見をぶつける」つもりがなければそこで終了するのがいい。

私が研修で教えているのは「ゆっくり3秒」だ。

「どなたか質問はありますか？」の後に心の中で「1、2、3」とゆっくり数えて辺りを見回す。そこで挙手がなければ終わろう。

あるいは、時間のコントロール上、質問時間が予定に入っていて、10分、15分、とまとまった時間が空いてしまうとしよう。これは質問が出ないと困ってしまうだろう。

「質問もないようですので、ここで今日のポイントをまとめてみましょう」と言うようにして復習の時間にする。

これはいいやり方だ。

私も何度か用いたことはあるが、アンケートなどに「復習してくれたのがよかった」などと書かれるくらいに好評だったりする。

46

閉じた質問を使う

私が、研修講師になりたての頃習ったのは、研修に慣れてきたらなるべく「イエス、ノーで答えられる質問（クローズド・クエスチョン）をするな」ということだった。逆にどう思うか？　どのようにして？　何故か？　というようなオープン・クエスチョンをせよ、というのだ。

これなら研修では「話が広がる」ため、もってこいということだ。確かにそうだ。ところが、サンデルの進め方の中には、クローズド・クエスチョンは思ったよりも多く用いられているのだ。

「賛成の人？」「反対の人？」などというのはイエス、ノーで答えられる。

ここで挙手をさせ、問いかけるのはサンデルのよくやるやり方だ。だから必ずしもクローズド・クエスチョンがダメというのではない。むしろ、スピーチやプレゼンの始まりの部分においては、自分でコントロールしやすく、話の範囲も変に広がらないので使っていくべきだと言える。

注意点としては、ただ連発しても使い方としては好ましくない。つまり絞り込んで目的を持ち質問しろということだ。

続かない会話でよく見られる。

「今日はいい天気ですね」

「ハイ」

「……」

「午後は30度越すようですね」

「そうですね」

「……」

これだけでは広がりがないため、オープン質問をして範囲を広げろとよく言う。

「スポーツするにはいいですね」だと「ハイ」となるため、「何かスポーツをなさいますか？」で答えが出たなら、そこに会話を繋いでいけば「話が続く」。

「サーフィンですか！　どの辺りでなさるんですか？」「毎週行かれますか？」などと繋いでいけばいい。

クローズドクエスチョン（イエス・ノーで答える質問）

- 話の範囲が広がらず、コントロールしやすい
- 考えさせることもできる

「考えさせる」ために、よく考えないと答えられないクローズド・クエスチョンをしよう

つまり、一般的にはオープン・クエスチョンをよく使えというわけだ。

クローズド・クエスチョンも「考えさせる」ようなものならそれは研修でも講義でも応用できるだろう。

「イチローの年俸は高すぎるか?」

「5人の命と1人の命のどちらが大切か?」

と言った問いかけはクローズド・クエスチョンでイエス、ノーで答えられるものだ。

しかし、ただ楽々と答の出るものではない。よく考えないと答えられないクローズド・クエスチョンはここぞというポイントでも十分に適用する。

47

質問を組み合わせて用いる

意見の絞り込みには「クローズド」な質問をする。つまりイエスかノーで答えられる質問である。

一方、考えを深めたり、広い考え方をさせるには「オープン」な質問をしてみる。

このどちらかを場面によって使い分ける、というのが一般的な教え方である。

私もずっとそう教えていた。

フルコンタクトの空手を高校の頃やっていて、40歳になった時「何か始めよう」と思い再開した。20年以上経ち一番困ったことは、身体がついていかなかったため、技と技を組み合わせるコンビネーションであった。何しろ昔は単発で、正拳中段突きとか、前蹴りとか、「ワンパンチフィニッシュ」を標榜する流派だったため、その一撃に総力を結集する。

ところが、今は子どものクラスでさえコンビネーションで技を出す。中段を突いたら身体を回して回し蹴りをし、さらに回って後ろ回し蹴りなど、「技の使い方が進化している」というのは20年間の創意工夫が感じられ、私は「いいなあ」と思ったのだが、そのまま動くことはできにくかった。これは他の技もそうで、受け方も「単発でなくコンビネーション」である。

さて、これは実はサンデルの質問技法でも行われている。

先の「クローズド」と「オープン」な質問をコンビネーションのように、組み合わせ学生に繰り出していくのである。

徴兵制について説明した後に、それぞれクローズド質問プラス挙手させるというサンデルの得意技を出す。

「給与を増やすのがいいと考える人」

「徴兵制に賛成な人は？」

「では外部委託がいいと思う人は？」

次に話を進め説明していき、南北戦争のシステムに賛成する人、不公平だと思う人、と再びクローズド質問プラス挙手させるパターン。

そしてこの後にオープン質問がやってくるのだ。

「君たちのほとんどは南北戦争のシステムが気に入らず、不公平だと考えている。なぜ気に入らないのか、どこが悪いのか、「君」と指名する。

クローズド質問を繰り返しオープン質問で、さらに深く考えさせる。

クローズドの段階で、問題点をハッキリさせ絞り込み、説明も加えて分かりやすくしていく。その上で「なぜ？」と問いかける。

質問のコンビネーションを工夫してみよう。

48

教えることは聴くこと

「教えることの非常に重要な部分は聴くことだ」（サンデル）

そして、サンデルは学生の話に耳を傾けつつも、同時に「学生の意見の背後にある理由」についても耳を澄ますのだという。

まさに傾聴であり真剣勝負である。しかもこの聴くことは、学生の意見だけに限らないという。

「教室内の音」も重要なのだとサンデルは言う。

退屈している時や思考の混乱は「足を組みかえる」「紙がこすれる音」「咳払い」「笑い声」と言った音になるという。

だから常によく聴いて「音」に注意せよというのがサンデルの教えだ。

「聴く」については、やってはいけないことがいくつかある。代表的な所を挙げておくのでタブーと心得てしないことだ。

1、うわの空で聞かない

これはコミュニケーションも悪くなるし、とうていサンデルの言うような「背後にある理由」などを探ることもできない。セールスだと、次のセールストークを考えているとうわの空ということになりがちだ。

2、相手の話に割り込まない

どうしても「自分の意見」を言いたがる人は、人の話に割り込んでいく傾向がある。ここで大切なのはあなたは聞き役になる、ということだ。せめて、話の区切りがついてからにしておこう。

3、態度がよくない

あくび、腕組み、携帯に出る、そっぽを向く、伸びをする、貧乏揺すり……。全て「あなたの話は面白くない」「聞きたくもない」「退屈」というメッセージになってしまうのだ。ボディランゲージで恐いのは、本人にそのつもりがなくても「メッセージ」としては伝わってしまうということだ。だから聴く時の態度には要注意だ。

4、すぐ否定する

「エーッ、そんなことないよ」「信じがたいな」「そうは思わない」「それは違うよ」というように、人が何か言うとすぐに否定する癖のある人がいる。これは、相手の気分を悪くさせるだけだ。

よく聴くことは教えること。教えることはよく聴くこと、を決して忘れてはいけない。

「聴く」ときの注意点

①うわの空で聴かない

コミュニケーションも悪くなり、相手のことばの背後にある理由・意味を探れない

②相手の話しに割り込まない

どうしても言いたいことがある時は、話の区切りがついてから話す

③態度がよくない

本人にそのつもりがなくても、相手にネガティブなメッセージとして伝わってしまう

④すぐ否定する

相手の気分を害し、話しが続かない

「足を組みかえる」「紙がこすれる音」「咳払い」「笑い声」といった音にも気を配ろう

第5章　対話の中で相手を引き付けていく

49

名前はこう呼んでみる

最近は、過剰な個人情報保護から、研修受講者の「名前」を示す名札を準備しないという所がある。これだと研修がやりにくいこと甚だしい。「ハイ、そこの人」などとやっていたらよい研修になり得ない。

研修中に発表させるとき、仮に社内研修だと、始めに自分の名前を名乗るのが通例だ。「大阪の第2営業部の高橋です」や「埼玉の庄司です」と言った具合だ。私自身も、受講者の名前を指名してから「風見さんは？」や「竹下さんどうぞ」などとやる。「名前を言ったり、呼んでから話す」という流れと言える。

しかし、サンデル式は全く逆だ。

まず意見を言わせる。そしてその後に、「君の名前は？」と名前を尋ねてから、呼ぶという流れである。

実は、これは大いに取り入れてよい「名前後呼び方式」とでも言える方法だ。効果としては、驚く事に「褒められた」のと似たパワーを持つ。仮に社内会議でコメントをし、その後に社長から「君の名前は?」と尋ねられたらどうか。「認めてもらえた」と思うのではないか。

私も、サンデルのやり方を見習い、毎回ではないが、時として挙手をしてもらい発言をしてもらった後に「お名前は?」とやってみるようにしている。

「田中です」

「そうですか。今の田中さんのコメントはとても秀でた点があってよい」

などとやると、田中さんは私の信奉者になってくれる。

「皆の前で褒めてくれた」とさえ思うのだ。

発言させた後に名前を呼びかける。

是非やってみよう。

50 相手を評価する

プレゼンでは、一般的には参加者の「質問の評価」はすべきではない。私も新米のインストラクター当時はそう習ってきた。

つまり、「よい質問ですね！」「さすが鋭いです！」などとは、質問されても口にするなと言うのだ。つまり、1人に「よい質問」と言ったら、他の人に何も言わないと、ひねくれている相手は「何だ、自分の質問は良くないのか？」と曲解されかねないからだ。

ただ、サンデルはそんな枠にとらわれずに、質問にしても発言にしてもどんどん「肯定的な評価」を口に出している。

参加者はどうなるか？　もちろん認められてヤル気になる。

仕事上の成果というのは、仕事上のスキルとヤル気の「積」、掛け算だと言うがまさにその通り。どんなに素晴らしいスキルがあっても、ヤル気を失ってしまったら成果は出てこない。

質問・発言に対して、「肯定的な評価」を口にする

↓ すると

相手は「認められた」と思う
ヤル気につながる

評価のことばは、モチベーションの向上につながる

相手の意見を評価してモチベーションを上げる

サンデルの評価のことばは、参加者のモチベーション向上に繋がっている。具体的なサンデルの言い回しをみてみよう。

「Good idea!」（よい意見だ）

「Interesting!」（面白い）

というように評価することば。もちろん発言者のヤル気は高まる。また評価までいかずとも、ポジティブな言い回しもサッと付けている。

「All light.」

「Good.」

「OK.」

「Thank you.」

というように、サンデルからスマイルでアイコンタクトとともに言われたなら、これはやはり「認めてくれた」とヤル気は高まっていく。

ここはサンデルから学び、部下の意見・発言を頭から否定してしまうような癖のある上司は、是非「肯定的」なコメントをする癖をつけるようにしたい。もちろん上司に限らず、「教える」立場にある人、人の話を「聞く」立場の人には不可欠である。

51

「つづく」効果を用いる

心理学に、「ゼイガルニク効果」として知られる現象がある。これは、キリの「悪い所」で「つづく」となると、次までずっとその記憶は保持されていくというものだ。テレビの連続ドラマで、わざと「つづく」としてキリを悪くするようなものだ。キリの悪い所でなくても「つづく」とし、次回の「ストーリー」をチラッと流すのも興味は持続するし、記憶は保持されやすいだろう。

私が研修の中で今行っているやり方は、サンデルから学んだものだ。つまり、「予告」することだ。

休憩の前に例えば、「今の項目は、時間に対する意識を高めることの大切さについて学びました。次の項ではその時間を何に使うのかという目的・目標について話を進めます」という具合にする。つまり、「予告」を口にしてから休憩をし、次の項目に入る。すると、ただ何もせずに休憩したのと比べると、受講者の「食いつき度」が全く違う。

サンデルの言い方を見てみよう。

「目的から論じること、目標からテロスから論じることは正義について考えるためには不可欠だとアリストテレスは言っている。彼は正しいだろうか。アリストテレスの「政治学」に取り組む時、この問いについて考えて欲しい」

「正義とは何か?」についての全12回の授業のうち、9回目の終わりのことばだ。10回の「アリストテレスは死んでいない」に繋げるものだ。

これは、9回の「入学資格を議論する」の前回の終わりのことばだ。サンデルは上手く「つづく」「予告」効果を用いているだろう。

「これはジュディ判事、デイヴィッド・レターマン、マイケル・ジョーダンの収入について問われる可能性のある質問だが、同様にトップの大学に行く機会についても問われる可能性のある質問である。このことは次回アファーマティブ・アクション［積極的格差是正措置］を議論する中で引き続き考えよう」

つづく、予告。

この効果を上手く使おう。

予告をする

次まで興味が持続し、記憶も保持されやすい

この効果を用いて相手を引きつけたり、興味を持たせたりしよう

52

思ったことをパッと口に出す

サンデルは「人間的魅力」を相手に感じさせてくれる。それは論理よりもフィーリング。サンデルの話の構成や進め方といったこととは全く別のことだ。

私は、研修でその人の「人柄」を感じさせる話し方というものをいつも感じている。例えば同じテーマ・資料でプレゼンテーションをさせても、1人ひとりそのプレゼンから伝わる「人間性」は異なる。

では、どのような所からサンデルの人間性が表出しているのだろうか？

それは、サンデルが「考えたこと」ではなく、「感じたこと」を口に出した時に強く出てくる。咄嗟に出たことばは取り繕えない。そしてそこに明らかに「その人」が表れる。

サンデルが東大で特別授業を行った際に、自然に口をついて出たことばなどまさにそうだ。

「僕達は日本の新しい世代だからディベートすることが出来るんです」（学生）

つ。

「気に入った」（サンデル）

この後場内は、爆笑しているがサンデルの飾らない、ありのままのことばが人の心を打

あるいはこんな例も。

「最大多数の最大幸福が実現出来るので私は賛成です」（学生）

「これは面白い」（サンデル）

他にも、「ＯＫ」「いいだろう」「それは面白い」など、サンデルは思ったこと、感じたことをパッと短く口にしている。

私達も、これは実践していくことが可能だろう。また、私も研修講師としてこのサンデルのやり方は大きく取り入れていこうと思っている。

学生、受講者のことばを「良い」「悪い」というように評価してしまうのは好ましくない教え方だ。しかしそうではなく、自分の思い、感情をその場でそのまま一言口に出すというのは好ましい。それは、主に「その人の人間性が伝わるから」に他ならない。

失敗したら謝ったり、恩を感じたら感謝のことばを口にしたり、サンデルのように面白がったり。

その時の感情を口に出すこと。

ビジネスのシーンでも、もっと人間的な面を表に出してよいのではないか。

つい最近も、受講者がユニークな人が多かったので、終わりの感想として「今日は個性的な人が多かった」と口にしたら、会場はワーッとうけた。

それは私の正直なコメントであったのだ。

53 動いて話す

もしも、じっと一ヵ所に留まり話をしていると、いくつも弊害がある。

1つ目は、緊張してあがりやすい人はますますあがってしまう。

歩いたり、動いたり、話すことにより緊張は緩む。あがりやすい人は、「動くこと」は落ち着くための大きな方法である。これは、現に私があがり対策として実際に指導し成果を上げているやり方だ。

2つ目は、聴衆の視線が固定されてしまうこと。

これが長時間に及ぶと「眠くなる」ことは多い。余程の話術、話力のある人だったり、本人がカリスマ的に人気があり、そこにいるだけでいいという人は別だ。しかし、多くの人は話術やカリスマ性で「いるだけでも聞いてくれる」状態ではないため、やはり一ヵ所に留まり話すのは危険だ。

3つ目は、話にダイナミックな印象が出にくいということだ。

イキイキとして、話が脳裏に描かれるような話し方では、必ず話し手が大きなジェスチャー、表情の変化、そして「体の動き」を使い話を表現している。じっと立ち止まっていては、そのあたりの強い印象が出せない。

話というのは「見られている」ことを忘れてはいけない。

これらの弊害を一掃してしまうのが、「歩きながら」「動きながら」話をすることだ。

私も、プレゼンの中で受講者に実践させているのだが、すぐにはできにくいため練習は欠かせない。

私の場合「世界初」と言っていいのだが、「歩きながら自己紹介」させることを導入している。歩きながら「おはようございます。私は松本幸夫と言います……」と続けて話をしていく。

ところが、ややもすると動きが止まってしまい、話すことだけに集中してしまう。しかし、慣れれば必ず大きく「舞台」を歩き回ることができる。

もちろんこれは、「サンデル式」であり「ジョブズ式」と言ってもいい。

私も取り入れ、特に100人を超える聴衆、受講者の前では2人がいつもやるように大きく演壇の上を右から左に、左から右に歩きながら話すようにしている。

54
励ます人間になる

リーダーシップとして、「けなす」「叱る」ことにより相手を発奮させる「手」はあるだろう。特にコーチングでは、誉めたり、認めたり、励ますことばかりが強調されすぎる。だから「君の意見は？」と問うだけでなく、もっと「叱れ」ということを私は「パワーコーチング」と名付け奨励したこともある。しかし、これはチームメンバーが「叱られてもいい」「ガンガン言ってもらって伸びたい」という、オリンピック選手並みの向上心や力量があっての話だ。

ごく一般のビジネスパーソンを叱りつけてばかりいたら、ヤル気をなくすのは目に見えている。仕事の成果は、能力とヤル気や集中力の掛け算と言っていい。ヤル気がなくなると、いくら能力があっても成果は出ない。

仕事の成果に繋がり、つまりヤル気を出させ本人の能力を伸ばすリーダーシップ。それがサンデル式の「励ます」方法だ。

この「原型」になっているのは、サンデルの子どもが小さかった頃に所属していた野球チームで、サンデルが監督をしていた頃のことだ。

この経験は後年の「サンデル式」の教授法に繋がっていると私は確信している。

少年野球のチーム名はフィリーズ。しかもこのチームの活躍はニューヨークタイムズの記事にもなった（1996年6月11日）。ここに試合後のサンデルが取り上げられていて「今」のサンデル式の「やり方」に共通している点がある。

チームの選手たちに、サンデルは電話で「よくやった」と励ます、というのだ。けなしたり、叱りつけたりもしない。とにかく「よくやった」と言う。また、決して大声でわめくことはない、とも載っている。

監督が感情的になることはあるだろうが、基本的にサンデル式は「励ます」「認める」のだ。これは、少年野球の監督でなくハーバードの教授になっても行っていることと同じだろう。

あなたがもしリーダーシップ能力を身に付けたいと願っているのなら、このサンデルのやり方に見習おう。

まずはメンバーを「励ます」部下を「認める」。そこからリーダーとしての自分が始まる。

55 全員参加をモットーにする

前にも触れたが、サンデルは自分の息子たちの少年野球チームの監督をしていたことがある。その時に、その活躍が新聞記事になり、その中に「今」のサンデル流を彷彿とさせる文が載っている。サンデルのチーム名はフィリーズであった。

「フィリーズにスター選手は1人もいない。ベンチで座っている選手は1人もいない。全て選手が最低でも2つのイニングに出場する」

これは、全員参加をモットーとして、サンデルがチームを引率し、指導していたことを示す。

全員参加。これは、野球チームをハーバードの学生に置き換えてみたら、今でもサンデルがたとえ無意識にせよ、モットーとしていることではないか。

つまり、夢のような「1000人が全員参加の対話型講義」。これこそがサンデルが行っていること、行おうとしていることに他ならない。

私は研修講師として27年。つい最近まで行き詰まりを感じていた。それは、どうしても20人、30人という集団にまとめて研修をしていくと、いわば個人競技、家庭教師のような1対1での行き届いた内容になりにくいということだ。

ハーバードの学生はある枠の中というのか、知的レベルというものの土台はできているだろう。しかし、時として私のやっている研修は公開形式だと様々な業種、様々な知識レベルの参加者が混ざっている。これをいっぺんに研修していくのはとても大変なことだ。つまり「集合研修の限界」を感じていたわけだ。また、真剣に研修に取り組んでいたら必ずぶち当たる壁でもある。

ヒントとなるのはサンデル式だ。つまり「1000人を全員参加させる」。

このやり方を導入したなら20人、30人など何でもないはずだ。

その方法は本書で述べている各項目であり、この実戦こそが急務だ。しかし、これは何も私1人に限った事ではない。

あまり発言しない人にコメントを求める、あえてグループにして各自が話を聞くような場面を作る、今までの何倍も「挙手」させるなど全員参加にする手はいくつもあるだろう。

サンデルに習い、全員参加型の指導、会議、研修、発表会などに心掛けていこう。

56
サンデルの気配り術

サンデルは「気配り名人」と言うと驚くだろうか？

教える側の気配りというのは、実は傍から見ている人にはよく分からない。これは、当事者や同業者ならよく分かる。

私も大学教授ではないが、研修講師なのでサンデルの努力がよく分かることは多い。受講者が、あまりに静かなタイプで、うちにこもってなかなか自分の意見を口にしない時がある。そんな時、私は「努力」して「気配り」し、スキルを総動員して彼らのヤル気に火をつける。

それは質問であったり、励ましであったり、ペアワークであったり、ほめることであったり……。ようやく彼らは打ち解け活発に話をするようになる。

ところが、研修担当者はこう言う。

「今日の受講者はいつになく活発ですね」

そこでは、言わないが活発にさせたのは講師としての努力であり、気配りだ。

これは、ここで声を大にして言っておこう。

例えば、サンデルが「指名する」場面をTVやDVDで観ていたとしよう。恐らく感想は、「性別も男女混じっているし、雰囲気も話し方も随分と違う人ばかりいるなあ」と思うだろう。または、「アメリカ人ってやはり様々な人種のるつぼ、などと言うがまさにそうだなあ」と思うだろうか？

これは偶然にそうなったわけではない。サンデルが気配りして努力し、様々なタイプの人を当てるようにしているからそうなっているのだ。

これは一例だが、1000人を越す学生を前に、何の考えもなしに指名することはない。指名に限らず、全てはサンデルの「気づかい」「気配り」のたまもの、ということに気付かなくてはいけない。

100人に1人くらいだが、「今日の受講者は私があいさつした時にはシーンとしていたのに、今は10年来の知り合いのように話していますね。さすが先生の指導力ですね」と見抜いてくれる人がいる。

そのくらいに気配り、努力について見抜けるだけの実力を備えたい。

57 大きなシナリオを持って話す

サンデルは、対話型講義にもゴール（目標）はあると言う。

そう、ただ質問して対話をしているだけでは、「サンデルのやり方とは形だけ似ていても全く異なる」ということになりかねない。もちろん、質問を否定するのではなく、「ゴール」が設定されないでただ質問すればいいというのは見当外れというわけだ。「意見調査」ではないのはサンデルも自ら言っている。そう、ただ意見を聞いて、それを調査、分析をするのではない。

サンデルは、一字一句書いたシナリオなどは見ていない。対話をしながら進めていく。グイグイと人を引きつけるスタイルは芸術的と言っていい。しかし、それは「全体のゴール」をハッキリ見ていて、大まかなシナリオがあるからだ。そのため即興も生きてくる。

全体のゴール、ラフなシナリオさえ頭の中にあれば、大きく外れそうな時には自分で修正していくことが可能になる。

慣れないうちは、大きなシナリオのポイントだけメモにしておいてもよいだろう。全く何も見ないで進めていくのは、相当のプロでないと難しい。

また、あなたは、サンデルのような「プロ」を目指すのではなく、恐らく自分がビジネスの中でサンデル式を応用、活用していきたいはずだ。

もちろん、始めから何も見ないで行う必要はなく、メモはあっていい。ただし、一字一句暗記しないのは他でも触れた通りだ。

まず、明らかにしなくてはいけないことは、あなたが話す「ゴール」はどこかということだ。

商品を購入してもらいたいのか、システム導入を検討してもらうことなのか、あるいは来月から全員に実行してもらいたいのか、ただ情報として理解してもらえばいいのか。

それがハッキリとしたなら、話の全体をどのような流れで進めていくのか。

どのラインを外れたなら修正していくのか。また、予め自分がどういう質問をして質問が出たらどう答えるか、想定してリハーサルしておく。

これができている人は成功できる。

大きなシナリオ（目的）を持って話す

↓

話がずれた時に修正することができる

・相手の質問を想定して答える
・どこまで話がそれたらもとに戻すのか
あらかじめ考えて、リハーサルをしておく

58

楽しい要素を取り入れる

難しい話をしていると、どうしてもシリアスになり過ぎて相手も緊張しやすい。サンデルはそこを「ユーモア」で進めていくというやり方をしている。

当然即妙のギャグ、ユーモアをパッと口にできるのは、ある程度の「勘」もあれば「センス」の問題もある。しかし、ユーモアを盛り込み「楽しく」進めようというのは忘れてはいけない。アメリカでは、ユーモアのセンスは「一流」であるためには欠かせない条件の1つと言ってよい。

例えば、「嘘も方便」の講義の時に「ネクタイをプレゼントされ、酷いなと思った時に何と言うか？」という問いかけをサンデルは学生に投げかける。

もしも、気に入らないネクタイでもそのまま言うのは失礼にあたる。あえて嘘ではないけれども、本当は気に入らないことを入れ込んで、「誤解を招くような真実で逃げてみる」と言い、カントの嘘も方便の考えに繋げたユーモアを口にする。

「こんなネクタイ見たことないよ」とサンデルが言うと、学生は笑う。

確かに嘘ではないし本当だからだ。

元々は、カントの道徳理論という堅いテーマだが、こんなユーモアを事例と共に入れると学生はリラックスして参加できる。

収入格差と公平の話では、あまり収入の多い、少ないばかりを口にしていくと、やはり単調であろうし、人の収入はあまり気分がよいテーマにはならないかもしれない。

そこでちょっとユーモアを入れて笑いをとる。

アメリカの最高裁判事の収入に触れて、20万ドル以下の例として一人あげる。

「サンドラ・デイ・オコーナーもその１人だ」

そしてこう言う。

「彼女よりはるかに稼いでいるもう１人の判事がいる」と。

ここで笑いが起こる。

学生が正解を答えると「その通り、よく分かったね」でまたまた笑い。その後「公正」について堅い、考えさせる話が続くのだ。

もしも、笑いなしに突っ走っていったら、学生も緊張しすぎてしまい、思うようには進んでいかないかもしれない。

このような「笑い」を講義の中に盛り込むのは、必ずしもすぐにパッとできることではないだろう。しかし、楽しく進めていく工夫は怠らないことだ。

研修の世界でもＴＷＡ。つまりTraining with amusementと言われて久しい。

アミューズメントパークと同じ、楽しい要素を入れた聴衆の立場に立ち話していくことを心掛けよう。

59 変化のある伝え方、教え方を工夫する

一方的に教授がノートを読み上げ、学生がそれを写すだけの講義。足りないのは「伝えよう」という熱意であり、伝え方の工夫だ。

もしも、サンデルの伝え方に加えられるとしたなら、ビジュアルだ。

情報として視覚物を見せることは稀にあるが、しかしそれは、マックやパワーポイントのようなビジュアルとして、時間をかけて作ったスライドではない。また、１０００人という聴衆だからであるが、パッとペアにしたり、４人、６人、というようなグループで何か話すようなことはない。

しかしこの辺りも、やり方によっては可能だ。

私は２００人くらいでも「ペア」にしてみたり、４人のグループにするくらいのことは導入している。これは、講師と受講者ではなく、受講者同士で話させることでさらに新しいアイディアが生まれたり、考え方が共有できたり、「気付き」「わかちあい」が顕著に見

られるからだ。あるいは、行動させるのも、サンデルは１０００人という多人数なことと、時間の制約があるため「挙手」に留まっている。

私の研修では、立ち上がらせて３人トリオにして話し合わせたり、休憩ごとの席替えで歩かせたり、ペアでストレッチをしたり、板書させたり、「変化」をつけ行動させている。サンデルは、一方的な講義から進化させて対話をし、その中で講義を進行していくというとても魅力的な方法で進めていく。

私たちはその状況により、サンデルの「一方的にならない双方向」の「変化」のある方法を「自分で」考え行っていきたいものだ。

私はたまたま、毎日のように研修をしていて、30人平均というサンデルに比べたらずっと「少人数」に対応していっている。その中で、いわば「実験的」に様々な手法を行ってみている。中には、「これはあまり効果がない」「時間がかかる」「少々わかりにくい」ということで1回でやめた「スキル」もある。

ただ、サンデルから私が学んだことは、キーワードとすれば「変化」だ。

この変化をつける工夫をしていくことで、相手は興味を持つものだし、講義、ビジネスの場でなら、会議などの場もエキサイティングになるのだ。

60 極論を上手に使う

私は、「雄弁家」と呼ばれる政治家や研修講師の「言い回し」を調べたことがある。

私の知人の、いわゆる「カリスマ講師」は話し方の中では、「誇張」したオーバーな言い方や、極論を口にする。

「冷たいビールと生ぬるいビールはどちらが美味しいですか？」

当然夏の暑い日などにそう問えば、「冷たいビール」という答えだ。

「では、顔も合わせたくない上司と飲む冷たいビールと、絶世の美女であなたが憧れていた人と飲む生ぬるいビール、どちらが美味しいですか？」と。

すると「冷たいビール」だったり、中には「絶世の美女」なんていう答えが出たりする。

だから気の持ちようで同じビールでも、美味しかったり、不味かったりする。

これは分かりやすいが「極端な例」だろう。また今はセクハラと思われるかもしれないのでそこもいけない。

ただ私が言いたいのは「極論」は分かりやすくなるということだ。

他にもオーバーなジェスチャーや表情と併せて、「驚くほど」「日本一」「ものすごく」、などというパワーになることばも多く盛り込む。しかし、これは文にしてみると何の迫力もない。かえって空々しくなってしまう。

だから、元々文章力のあったチャーチルのような人は別として、雄弁家は必ずしも名文家ではない。あまりにリアルだと「面白くない」ということもある。

「人が7人並んでいて大変だったんです」と言うよりも、「30人近くが並んでいて」の方が話のインパクトは強くなる。

サンデルはこのようなオーバーな表現を「わかりやすく」「理解してもらう」助けとして用いている。また極端に言うことにより、本質が浮き彫りにされてもくる。

「2人のとても優秀な学生がいて、どちらの両親も5000万ドル寄付したいとしよう。君が2人を合格させれば1億寄付させることができる。これはどうかな？　君は2人を採るだろう？」

1億ドルはオーバーだが金額により人が動いてしまうのは分かる。

友人がある時、「今あの交差点の前で裸で逆立ちしたら、1万円あげると言ったらや

極論・オーバーな話

- 話の範囲が広がらず、コントロールしやすい
- 考えさせることもできる

極論はインパクトが出て、話に
メリハリをつけることもできる

る?」と言った。私は「ノー」「100万ならどう?」「考えるね」「じゃあ1000万円」「……」「じゃあ要するに金の問題だよ」と言ったのを思い出した。

オーバーな表現は話を分かりやすくしてくれる。

61 さり気なく感謝のことばを盛り込む

人が何度言われても「いい気分」になるか、全く悪い気にならないことばがある。それは「ありがとう」という感謝のことばだ。

これは普段の話の中でも、研修やプレゼンでも「どんどん盛り込む」価値のあることばだ。

私はリピート率92％という高率の研修講師だ。その秘密の一つに「ありがとう」をさり気なく盛り込んでいることだと分析している。

人からコメントをもらったら「ありがとう」。グループワークで話し合いをしてもらっても「ありがとう」。個人にも、メンバーにも、何十回と「ありがとう」をさり気なく口にしていくのである。

もちろんこれは話に慣れた人なら恐らく無意識に行っていることだろう。そう、サンデルも。

名前を呼んで、「ありがとう」と言う。

これはサンデルの講義の中で見受けられる「さり気ない」盛り込み方だ。また「いい質問だ」「結構だ」「I like that.」「Great.」などという言い方も、効果としては「ありがとう」と同等だろう。

人は自分の意見を「認められた」と思う時に「いい気分」になる。

いい気分で話を聞くと、肯定的にもなるし、コミュニケーションは取りやすくなる。あるいは「さり気なく」ではなくて、堂々と「ありがとう」と言うのもいい。

私も、研修では講義の合間の休憩に入る前、深々と頭を下げ「ありがとうございました」と口にしている。

「ありがとうございます」の現在形で言うといい、と言う人もいる。

どちらにしても、感謝されて悪い気にはならない。

講義に参加してくれて、前向きにチャレンジしてくれて、そして講師に気付きを与えてくれて「ありがとう」と言うことだ。さらにプレゼンやスピーチでは、話の「マクラ」大半で気の利いた一言が口にできれば望ましいだろう。

それでも「何を言っていいか分からない」と言う人に、私はこんなアドバイスをしている。

「『プレゼンやスピーチの機会を与えて頂いてありがとうございます』と言うといい。心を込めて。感謝されてイヤな気分になる人はいないのだから」と。

そう、冒頭にありがとう、でもいいのだ。

62

敬意を払い、怒らせない

哲学者として対話を中心に議論するというと、ソクラテスを思う人がいるだろう。

ギリシア哲学者で、アリストテレス、プラトン、と続いていく三大哲学者のルーツとも言える。

ソクラテスがアテネの街中で問答、対話し哲学を深めていったのを、弟子のプラトンが対話篇として残した。

釈迦の説法が、お経という形でまとまったのにも似ている。

ただし対話型ということでは似ていても、ソクラテスとサンデルでは大きな違いがある。

それはサンデル自身も口にしていることだが、ソクラテスは、ストレートなもの言いや目的として相手の感情に火をつけ本音を出させるつもりか、「相手を怒らせる」ことは多かった。最後に毒杯を仰いだのも、この相手を怒らせたのが原因と言ってもいい。

しかしサンデルは、講義の中で相手を「怒らせる」ことはしていない。

手法としても、感情的にわざと怒らせて、本音を出させるということもしない。

何故なら、サンデルは基本的に「人間尊重」の姿勢で講義に取り組んでいるからだ。この姿勢は尊い。

私の元には、講師予備軍として様々な人が「弟子入り」志願でやってくる。しかし、中には受講者に対し「大したことない」「バカな奴らばかり」などと考えている、上から目線の者が来ることがある。私はどんなに、学歴があろうと、一流企業の人であろうと、そういう方にはお引き取りを願っている。何回かステージに立つまでのチャンスを与えたこともあったが、後々トラブルを起こして去った者もいる。

やはり大切なのは、スキル以前の「相手を尊重する姿勢」だ。

この点サンデルは、必ず学生に対しても敬意を払い決して「教えている」という態度はとらない。

そこにあるのは、名前をしっかりと確認し呼びかけ、よいアイディアには惜しみなく讃辞を与える、と言った、相手を人間として認め対等に接していこうという人間尊重の心だ。

ほめすぎではなく、本当にそうなのだからサンデルは素晴らしい。

63

準備しすぎないこと

サンデルは原稿を一字一句読み上げるようなことはしない。もちろん、自身が政治哲学を深め研究し、いくらでも「知識」があるというのは大きい。イザとなったらいくらでもレクチャーはできる。

しかし、そのレクチャーのための原稿は用意していない。また、どの学生に当ててどんな答えが返ってくるかは想像もつかない。その方が、エキサイティングであるし、楽しい。この辺りは徹底してリハーサルを繰り返し、読み上げはしないが原稿のあるジョブズとは大きく異なる点だ。

キーワードは「アドリブ」「即興」である。違う言い方をすると、講義を始める前も、始まってからも、どの方向に行くのかが予め予測できない。だからこそ、この進め方は価値があると言ってもいい。

「お決まりのコース」で進めないのだ。

これをコントロールし、コーディネートしていくサンデルの力量がものを言う。

私の講義で対象としているのは社会人だ。しかし、やっていることは対話型講義も取り入れる研修講師である。サンデルのように１０００人ではないが常時30人平均、２００人、３００人も相手にしている「プロ」でもある。

だから、サンデルの巧みさというのは実感として分かるし、そもそも「この講義法が優れている」「その素晴らしさを伝えたい」というのが本書執筆の動機でもある。

私も原稿は用意していない。頭に入っていることもあるが、やはり「肉声」で「イキイキとしたことば」で語りたいからだ。また私の最近のテーマは「アドリブ」「即興性」だ。悪く言えば思いつきだが、この思いつきも「発想力」なくしては出てこない。

本の執筆もそうだが、「発想力」なくしてはネタ切れで書くことがなくなる。研修も同じで、アドリブ性、発想力がなくては「超」一流にはなれない。プロ中のプロはどんなジャンルにおいても「即興性」があるのだ。

サンデルも、日本でクイズ番組の講師としてテレビ出演したことがある。アドリブもすばらしく冴えていた。即興性を盛り込めるか、が超一流の講師かどうかの鍵となる。

アドリブで進めると、周囲に緊張感を与えることができる。

何故ならアドリブを言っている本人が「どこに向かうか」分からないからだ。

しかし慣れてくると、本人が「楽しい」と思っているから周囲にも、その楽しさ、知的好奇心、を湧かせられるのだ。

64 貯ネタを日頃からしておく

他でも触れたように、サンデルは原理原則と具体例、事例の間を振り子のように往復するやり方をとっている。

この場合キーとなるのは、具体例、事例だ。特に、原理原則を示しておいて、それを各事例に当てはめていくとなるとそこには相当数の事例、いわば「ネタ」がなくては検証していけない。ただの思いつきではダメで、各原理に当てはめられるネタを持っておく必要がある。これはビジネス上のトークでも全く同じだ。会議でもセールストークでも。

サンデルは、もしかしたら直感で、「この場合なら、そうだあのネタだ」と頭の中からパッと出てくるのかもしれない。私ですら研修の中で、「そうだ、ここは事例としてあのネタにしよう」と直感でできるくらいだから恐らく大丈夫だろう。

しかし、これを初めてやる場合は、予め原理原則ごとに当てはめるネタは決めておくことだ。また、そのネタも最低3回はリハーサルをし、スッと口から出るようにしておきたい。ぶっつけ本番は失敗する、というのは何もスピーチ、プレゼンに限ったことではない。あなたが大学教授ではないなら、サンデルのような種類のネタは必要ないだろう。しかし、自分の役割の中で話の「ネタ」が必要なことはあるはずだ。

特に具体例、事例というのは咄嗟にパッと出てくるものではない。ビジネスでの成功事例、失敗事例、あなた自身の体験談、製品の使用者の声、同僚上司後輩、取引先相手との体験談……。このような事例は全て貯金ならぬ貯ネタの元になるのだ。

これからのあなたの体験を、全て「もしかしたらネタ、事例として使えるかも」という意識で仕分けしておくことだ。

そして、「使える」となったらメモをして見える化し、場合によってはファイルして貯ネタしておこう。また、ネタとするつもりなら、それを「人に話せる」ようなレベルでまとめておくことも欠かせない。

事例としてなら5W1Hをハッキリさせておいたり、ストーリー性を持たせると言ったことを、予め行ってストックしておくのだ。

リアルに「使えるネタ」ということを考えたなら、始めの目標は「20ネタ」あたりからスタートしよう。さらに30、50……。「100ネタ」までいけたらプロと言える。

私も、話すことのプロとして生きているが、小ネタも含め１００あれば事例としては十分かなと思える数だ。

65

相手が興味を持つにはどうしたらいいかを考える

サンデルがハーバードで教鞭を取り始めたのは、1980年のことである。ちなみに私は、この時はインドでヨガ道場にいて瞑想のまねごとなどしていた。

その時サンデル自身は、まだ「学生」の気分が色濃かったという。半ば「素人」と言ったら失礼だが、教授というよりは気分は学生に近かったのだ。しかし、実はこれが大切なことだ。

本を出す時も、私と編集者は慣れている「プロ」ではあるが、全くの読者同様にはなりにくい。どうしても「深く」「マニアック」な中身に傾いてしまう傾向がある。

ビジネス書は、実は断言していいのだが「当たり前」「基本」のことが書かれていないと売れにくい。しかし「プロ」がよってたかって応用ばかりの複雑で、分かりにくい本にしてしまいがちだ。ここに決定的に欠けているのが読者、書き手や編集者にしたら「一般」「素人」の目だ。

これはサンデルなら、教授に対する学生目線と言っていい。

サンデルは「学生気分」が抜け切れていなかったため、「学生時代の自分が興味を持つことができるような授業を構想したいと思った」のだ。

その当時、学生は黙って教授が言ったことをノートにとるような授業は避けたい、と強く願ったのである。その結果として、今の対話型スタイルができあがったのである。

他の言い方で「哲学における大きな考え方を政治や法、日常の生活で私たちが直面している具体的な論争やジレンマなどと結びつける講義」なのだ。

そして、政治哲学を現実から離れた世界と思わせないために、日常生活と結びつけるような「ネタ」を集めたり、問題提起していく。

つまりサンデル式の始まりは、サンデルが学生気分、素人気分が抜け切れていなかったからこそ誕生したと言っていい。

その上で、自分の興味ではなく相手が興味を持つ工夫をしていくのだ。

「どうしたら相手が興味を持つか？」を素人、原点に戻り考えてみよう。

66

素人の自分が納得できるか？

先日ある出版社の社長さんと会食していて「それは同感です！」とハタと膝を打たれた所がある。

私は作家として27年経ち、編集者もベテランの方だとどうしても「素人目線」で考えられないという話をしたのだ。

自分と編集者はキャリアがあり、「これは売れる」という企画が出たとする。しかし、そこに欠けているのは、純粋な読者目線だ。全くの素人なら、読者の立場に立って眺めることができる。しかしキャリアがあると、マニアックに専門的になりやすい。

だから社長さんは私の言った、入社してまだ日の浅い新人の意見をよく聴くということに同感だというのだ。

「だから私も出版社を立ち上げた頃の方がヒット作が出せたんですよ」とその社長は言う。

「素人目線」、いたずらに固定観念にとらわれることなく、果たして物事をピュアな目で眺められるかがポイントだ。

サンデルはどうか？

他でも触れたように、サンデルにはできたのだ。

対話型講義の目的について、サンデルはこう語っている。

「30年前に教え始めた時、私は政治哲学の授業を大学時代の自分が興味を持てるような内容にしたいと思いました」

つまりハーバードの教授になったサンデルは、自分が「学生時代」の時の目線で考えたのだ。

どうしたら当時の自分が興味を持てるのかと。

これは教授が学生の立場で考えることであり、プレゼンターなら聴衆の、売り手なら買い手の、立場で考えるのにも似ている。

相手の立場ということでなく、ここではサンデルは「学生」という素人の目から見てどうなのかを考えたというのだ。学生に興味を持たせるため、関心を持っていて意見を出せそうな現代の論争と結びつけたのだ。

この後がとても大切なことだ。

それはサンデルは「困難な問題」、そして「意見が一致しないような難しい問い」に答えるようにチャレンジさせたということだ。

一般的には「意見が一致しそうな問い」「易しい問題」に答えさせることは多い。

なぜなら、私たちは「答え」が出ないとなかなか納得しないし、こうすればいいという、ノウハウ、マニュアル、に慣れてしまっているからだ。

しかし困難で答えが一致しないような問いこそ、実は「素人目線」が欠かせないのだ。

柔らかい頭、基本にのっとった考え方、キャリアに邪魔されない固定観念、先入観にとらわれない物の見方をしよう。

コラム〈アイスブレークを行う〉

以前に、私がよく行ってきた「アイスブーク」技法は、クイズを出すとかマッサージやストレッチを行うというような、いきなり講義に入らずにウォームアップを行う「技法」であった。

ただし、これは受講者がまだ会社から「お前研修受けてこい」と言われた方が大半だった時代のやり方だ。

今は、始めから「早く研修の中身を聞きたい」という前向きな人、指名されたのではなく、自分から「この研修を受けたい」と志願してくる参加者が大半だ。

だから「研修の中身と関係ない、時間をとる」アイスブレークは必要ないと言える。とは言うものの、開講すぐに「では、テキストの3ページを開いて」では、エキサイティングではないし「興味」を持って受講しにくいだろう。

やはり、多少のウォームアップは欠かせないことだ。

私がやっているのは、研修の中身と繋がるウォームアップで、例えばタイムマネジメントなら「Aさんは東京大阪間を移動するのに、『のぞみ』でなく『こだま』で行きました。何故か？　3分で3つ以上の理由を考えて下さい」と言い、タイムマネジメントの「時間の質」に目を向けるようなアイスブレークのクイズを出している。

ちなみに、クイズは「意味付け」がないと研修では適切とは言えない。

ただの気分転換も必要だが、それは適切な「休憩」で十分だ。

ただサンデルの講義を見ていて、アイスブレークは「講義中に行う」のが一番いいと今は考えている。

つまり、講義そのものの中にアイスブレークが入っている。ちなみにこれは、氷のように堅い聴衆の頭、心をブレイクする事。「Break the ice」のことだ。

サンデルの行っている「ユーモア」「イエス、ノーで挙手させる」などというのは講義の中に入っているが、アイスブレークの技法にもなっているのだ。

私はこれを「エピソード」「具体例」を少々オーバーに脚色して話し、アイスブレークをしている。

理想は、「アイスブレーク」の時間をあえてとらずに、講義の中に入れ込んでしまうことなのだ。

第6章　サンデル式を現場で活かしていく

67 ボディランゲージを工夫する

サンデルの特徴的なボディランゲージは、

1、人を指名する時に指でサッと指す
2、歩きながら話す
3、体の中心から外に、上から下に向けての大きなジェスチャー

が特徴的だ。1つひとつ見ていこう。

1、人を指名する時に指でサッとさす

指名する際には、一般的に手の平を上に向け「どうぞ」と言うと丁寧さが出てよい。しかし「力強さ」を出すには、サッと指さすとよい。

目的によってボディランゲージは使い分けるのが「プロ」だ。湾岸戦争でも、アメリカの司令官は人差し指で地図をサッと指していた。当たり前だが、戦争の時に手の平を上に

し示していたら失笑されるだろう。丁寧ではなく弱々しいことこの上ない。

2、歩きながら話す

これはスティーブ・ジョブズも行っていたため「大人数」では用いてもいい手だ。広義のボディランゲージと言ってよい。

私などは、30人の受講者であっても舞台上を左右に歩きながら話すことが多い。あるいは、教室が縦長なら自分が動いていって、真横から話しかけてみたり、右に行ったり、左に動いたり、歩いて移動し話す。これは受講者も視線を動かすため「変化がつく」ものだし話し手の私のアイコンタクトの方向にも変化が出てよい。会場が広く聴衆が多いなら、なおさら大きく歩き、動いて、ポジションを工夫していくことだ。

3、体の中心から外に、上から下に向けての大きなジェスチャー

手の動きは上から下の方向に動かすと力強さが出てくる。あるいは体の中心から外に向けるとダイナミックな印象になる。このあたりは舞台俳優の動きを見ると、勉強になる。元舞台俳優の知人に「声の出し方」「ジェスチャー」「表情」などを習ったことがあるが、

サンデルはこれらを身につけていて素晴らしいと思った。「舞台俳優なみの伝達力、表現力」は身につけておいて損はない。

手の動き、表情、身体全体の動き。

この3つを工夫していくことであなたのボディランゲージはサンデル級となる。

必ず。

68

自分の専門性を高める

サンデルは、その場の「自由さ」「話の広がり」「盛り上がり」など様々な理由からシナリオを一字一句用意し、それに従い進行するようなことはしない。つまり、原稿は用意しない。

私も大学教授と比較する分野ではないかもしれないが、一字一句の原稿も含め原稿は全く準備しない。これは27年のキャリアが大きい。新人がやろうとしてもできないことは確かだ。

ただし、サンデルも同じで原稿なしで進めていくための大前提がある。それは、専門性。それも他の人では考えつかないような、知り得ないような、経験に裏打ちされた専門性だ。

私は、交渉、コミュニケーション術、段取り、プレゼン、タイムマネジメント系の研修には専門性がある。それも、他ではマネのできにくい27年のキャリアの裏付けある専門性だ。だから2時間でも3時間でも1つのテーマで話し続けることができる。それがあってこそ「原稿なし」は可能になる。

しかし、私は最近反省していることがある。それは、プレゼンの際に「一字一句まで書いた原稿は書かないこと」「原稿なしで自分のことばで語れ」ということを「初心者」にも行わせていたことだ。まだ専門性の十分にない初心者は、やはり「シナリオ」「原稿」を十分にチェックしながら、場合によっては一字一句に近くでもいいのではないか、とも思う。

何故なら、話す中身そのものが「プレゼン」として十分にはないからだ。もちろん日常会話ならいくらでもあるのかもしれないが。

あなたの専門分野についてさらに磨き高めていこう。すると、知識が深まるだけでなくてもう1つの副次的な効果が出てくる。

それは自信がつくこと。

「この分野なら誰にも負けない」という自信だ。

すると、これは大人数を前にした時でも、「何を聞かれても大丈夫」という話し方の自信に繋がるのだ。

専門性を深め、場数を踏むこと。

これであなたは自信を持てる。

69

セールスポイントを持つ

「サンデルと言えば」

例えば、ソクラテス式問答法、対話型教授法であり、「政治哲学」であり、「これからの正義の話をしよう」だ。

つまり強力なセールスポイントがあるということだ。

あなたは「○○と言えば」と○○に自分の名を入れたら、どんなことが挙げられるだろうか？

「ＩＴの専門家」「ＳＥ生活20年」「15の資格取得」「セールストークの名人」

これは別にプライベートでもいいのだ。

「海釣り名人」「生チョコ作りの大家」「百名山登山達成」「ラーメン評論家」

と何でもいいのだ。

その人ならではのセールスポイントさえあれば、それはあなたの魅力になる。

サンデルに限らず、一流の人には必ず何らかのセールスポイントがあり、そこが魅力の元になっている。

それは、口癖かもしれないし、ジョブズならTシャツとGパンはトレードマークであるし、「自由な」「ラフな」ジョブズの生き方を示すセールスポイント、でもあったわけだ。

個性は、あくまでも「その人」のものであり、他人の受け売りであってはいけない。いけないのは「マネ」だ。

ここは誤解してはいけない点だ。

つまりあなたはあくまでも、サンデルの話し方、教授法から学び活用していくということでマネをするわけではない。

例えばサンデルのプレゼンスタイルはかっこいい、と思ったとしよう。かっこいいのは間違いない。「君！」と言い指でさすのがいいと感じ、マネをしたとしよう。しかし、日本では人を指でさすのは「失礼」にあたり、かえってマイナスイメージとなってしまう。

サンデルのネクタイと同じ柄にし、同じスーツを身にまとっても、あなたはサンデルでなくあなた自身だ。

あなたのセールスポイントこそ大切なのだ。

70 アドリブ力に磨きをかける

私は、アドリブでパッとことばが口をついて出るのは、トレーニングが欠かせないと考えている。

昔チャールズ・チャップリンは、映画のコメントなどを求められて、「パッ」と答えが出てこなくて困っていたという。

そこで、毎日辞書を手にして思いつきで開いたページの目に飛び込んで来たことばから、即興のスピーチをするトレーニングをしたという。やがて、インタビューを突然受けてもスラスラと答えが口をついて出るようになったというのだ。

ここからカードに無作為にことばを書き出し、パッと手にしたカードを題材に即効スピーチをするトレーニングを思いついた。他でも昔からやっている所があるのを後々知った。

私は「チャップリン式」即興スピーチと名付け、幸い研修受講者にも好評だ。

やはり、即興でその場でそのことについてスピーチするのは、頭の働きをいつもと違わせてくれるためよい。

経験上はむしろ仕事に関わらなくて、なおかつ話を広げていけそうな「ＵＦＯ」「宇宙人」「織田信長」「ピラミッド」「不老不死」「ロールスロイス」などというような、話せそうかなということばをカードにして、アドリブのスピーチ力を高めよう。さらに慣れると、「カーナビ」「机」「テレビ」「電話」「パソコン」「歯ブラシ」というような日用品でも、すいすい話せるようになっていく。

カードではなく応用としては、テレビを見ていてニュースでもドラマでも「その時思いついたこと」を3分間スピーチしてみるようなことも、アドリブ性・即興力をつけるのには役立ってくれる。

ビジネスなら、会議でもプレゼンでも「用意した話」「リハーサルした話」ではなくちょっと思いついたことを必ず発言してみるというのもよいことだ。

サンデルのように、即興で指名して、即興で質問した学生と学生の答えを哲学に結びつけるアドリブ力。

この力は、このような日ごろのトレーニングで必ず身につくものだ。

71 1回で決着をつけなくてもいい

人間関係でお互いが満足する相互満足型を、WIN・WINと呼ぶ。しかし、これは「1回だけ」ではなく、例えば複数回にわたる取り引きだと成り立ちやすい。

「今回は御社の条件を受けましょう。なので次回は少し譲ってもらえますか?」という形なら、何とか「2回」の中で帳尻を合わせていける。

これが「1回限り」の交渉となってしまうと、「勝ち負け」で何とか安く買おう、高く売ろうという勝負になってしまうこともある。

サンデルの講義は、例えば正義についての「12回」で1つという構成だ。1回だけで考えず、そこに「時間」を含め「次の回」「次々回」と先までも併せコミュニケーションをとっていくのはよい考え方だろう。これだと先の例のように「今回は譲ろう」「次回譲ってもらおう」とバランスがとれていく。

大切なのは、ビジネスでも「次回」に繋げることばを口にし、相手にも今回だけではないのだとハッキリさせていくことだ。

サンデルの次回への繋げ方を少しみてみよう。例えば2回から3回に繋げる、2回目の終わりのことば。

「これぞ哲学者だ。生きている間も死んでからも自分の哲学の原理に忠実だった。次回は権利について続けよう」

これは次回も今回も繋がっているということを明らかにしている。

3回目の終わりは、

「リバタリアニズムに反対の立場の人は反論を用意しておくように。次回はそこから始めよう」

という感じだ。

ここでは「事前準備」もしておくよう一言加えている。ちなみに3回目の始まりは、先の終わりで「次回は権利について」と示している。

スタートはこうだ。

「前回までの講義ではベンサムの功利主義への批判に対するジョン・スチュアート・ミルの反論について考えた」

という所から話に入っている。

1回限りでなくこの講義の、全体性、連続性が分かると思う。

ちなみに4回目のスタートは、「今日はジョン・ロックを取り上げる」と全体としては繋がっているが、取り上げるテーマが変わったことを示す。

72

様々なチャンスに対話を心掛ける

昔なら自分の意見を発信する場が、新聞の投書や、雑誌の投稿、など限られた場しかなかった。

私もよく行っていたが、「自分の意見を言う」のにはいいトレーニングになった。まだ著書のない20代前半には、エスカレートしてNews Weekなどにも投稿し面白がっていた記憶がある。

さて、今はSNSが盛んであり、ここは昔と違い一方通行でなく双方向の交流が可能となっている。ツイッターしかり、フェイスブックしかり、自分の発信に対し相手からのフィードバックもある。可能だ。

つまり、これはことばそのもので対面しなくても「対話」ができるということだ。あるいは「リアル」でなくても、スカイプにしろ、対話が生でできるのだ。

これら様々なコミュニケーションツールを用いたなら、改まって「対話型」ウンヌンと言わなくとも、すでに対話のトレーニングをしていると言ってもいい。

ただし「意識」しなくてはダメだ。

橋下徹氏のように、ツイッターなら140字の中でしっかりと、自己主張することもできる。

しかし、下手すると「24日にね」「キャーキャー」「楽しみー」のようなコメントにもなりかねない。ミクシィでもそうだが、匿名性が高いコミュニケーションツールは中身も雑になりがちだ。「私は自分の主張を発信しきちんと対話していく」という目的の元に、SNSを活用してみてはいかがだろう。

もちろん、気軽にラフに用いるのは悪いことではない。しかし、「対話」を心掛け「自己主張」「よく聞く（相手の意見を理解しようとする）」ことを意識し、トレーニングのチャンスとしてみる手もあるということだ。

もちろん、昔ながらの投書、投稿、で自分の主張を発表していくのも面白い。

大切なのは、それら全てのコミュニケーションツールや紙媒体を自己主張や対話のトレーニングとして捉え活用するということだ。

73

勇気を持ち理由を述べ議論する

サンデルの対話型講義に参加するとまず、学生たち1000人の前で発言する。

これは大きな「勇気」が必要だ。しかし、まずはこの壁を越えないと、自分からの発信ができない。

次に、理由を説明する。

なぜそう思うのか？　勘ではダメで、しっかりとした理由を述べなくては周囲を納得させることはできない。

3つめは、そこから議論する。

この流れで、最後は握手するにしても、相手を論破するくらいの心構えでいなくてはいけない。

3つのキーワードとなる考え方は、

1、発信する勇気を持つ

2、説明し納得してもらう
3、議論する

という流れだ。

これはしかし、何もサンデルの対話型の講義に限ったことではないのが分かる。ビジネスでも、自分の要求をまず「口にする」ことには勇気が欠かせない。中には自分が出した「見積もり」をこれじゃ高いと「ノー」と言われるかもしれないと「提出する勇気」に欠ける営業マンなどを見かける。あるいは、会議の発言でも「どうしようかな、言おうか、言うまいか」などとモタモタしているうちに、他の人に同じような発言をされてしまうということなどもある。

これも発言する「勇気」に欠けているからに他ならない。

勇気は欠かせない。そしてその発言には、相手を納得させるだけの説得力を持たせる必要がある。

説得力を出すために必要な1つは説明する力。

ビジネスであれば、これにデータや証言などの裏づけがあれば、さらに強力な説得力を持つ。そしてそれから発展していく議論に持っていく。

議論というのは、相手の言い分をしっかり聞くことからスタートするため、聞く力を養うことが大切なのだ。

サンデルの教室からは学べる点が多い。しかもサンデルのみならず、ハーバードの学生からも、である。

勇気→理由→議論の流れを頭におこう。

サンデルの対話型講義から学べるポイント

①発言する勇気を持つ

②説明して納得してもらう

③議論する

ビジネスのシーンでもこの3つの流れを頭においておこう

74 名前を言って発言する

あなたは、会議でも社内の発表会、小集団活動でも、発言する際に必ず「自分の名前」をハッキリ名乗っているだろうか？

サンデルは、学生の意見を聞いた後必ず「名前の確認」を行っている。

この場合は、相手の人間性を尊重する意味でだ。

そこの誰か、ではなくしっかりと名前を呼び、あたかも1対1のコミュニケーションをとっているようにする。

会議の中でも研修をしていても、特に大人数の時には「自分の名前をハッキリと言ってから」発言する人がいる。他の人がいきなり話しても、そういう人は「八王子工場の松下です」や「福岡第2営業部の山田です」と所属や名前を口にする。そのことで暗に「自分の発言に責任を持つ」と言っているのだ。

名前を言わず話した人も、胸につけている名札を見たら誰かは分かる。

しかし名前をハッキリ口にしたほどには、「責任感」、自分の発言にしっかり責任を持ちます、とはなりにくいのではないか。いわば匿名性が高くなるのだ。

２チャンネルでも分かるように、匿名で言いたいことを口にすると、どうしても「品」がなくなり情報としての「精度」は下がる。言いっ放し、無責任なコメント、になってしまうのだ。あるいはエスカレートした極論など、どこの誰かを明らかにしたのとは大きく異なる。研修でも、アンケートは記名にしないと「いい加減」な発言が混ざってくるのだ。

これは逆に考え「自分は発言に責任を持ちますよ」と周囲に宣言するためにも、「どこの誰なのか」は大きな声で名乗るべきだ。

例えば大人数の会議で指名されたとしよう。「ハイ、そこの方」と。しかし、あなたはそのままペラペラと話し始めてはならない。「仙台北支部の石川です」とか「大阪の車田です」というように一言ハッキリと名乗る。

もしかしたら聞いている人はそこまで分からないかもしれない。

しかし必ず「この人は違うな」と分かる人はいる。

そして何よりも「私は発言に責任を持つ」と自分に言い聞かせる効果が大きいのが「名乗る」理由だ。

75 身近な話材を集めておく

サンデルの講義が魅力的な理由の1つに、「身近な例」が取り上げられていることがある。

純粋に哲学者の話しばかりであったら、これほどには魅力のある講義にはなり得なかっただろう。事例が「リアル」な今にピタリと重なっているからこそ、学生はそのことについて、興味を持ちやすいし、コメントも出しやすい。

私も研修講師として「ネタ」「話材」はいつでも収集している。そして相手に合わせそのネタの中から、具体例、実例、として話に盛り込んでいく。

この場合も聴衆が若ければ、例えばだが、「私は韓国ドラマが好きで最近だとアイリスがよかったですね。そう言えば、Big bangのＴＯＰが殺し屋で出ていましたね」などと言うと「受ける」ことがある。

しかし、聴衆が知らなければ話にならない。

この年代なら、ＳＭＡＰかな、嵐かな、いや関ジャニ∞。あるいはフェアリーズあたりかな、と判断する。たまたま私は20代の友人が多いため「ネタ探し」をしている。サンデルの「身近な例」を用いる講義に学び、ネタ、話材、を身近な例でまとめ集めておく。そしてタイミングよく使うのだ。

ネタを集めたなら、１つオススメしたいことがある。

それはちょっとした、ストーリー、小話のようにし、家族、周囲の友人、知人にしてみることだ。そうすると、話の出来、不出来がよく分かる。リハーサルにもなるため是非とも試しに話してみよう。

もう一つは注意点を。

これもサンデルは注意していることだ。

つまり卑近なネタのオンパレードではいけないのだ。必ず、高尚な理論、理屈に立ち戻らなくてはいけない。ネタがリアルで身近な例ばかりでは、「わかりやすさ」ではいいが、「ありがたさ」に欠けてしまうのだ。

そう、「わかりやすくありがたい」というスピーチの中身であってこそ、真に人の心を動かすのだ。

76 当ててはいけない相手とは

他でも触れたように、サンデルには学生を指名する時、「この学生は当てない」という基準がある。

それは、質問をして「すぐに手を挙げる学生」と「手を挙げ続ける学生」だ。

理由はすぐに手を挙げるのは「深く考えていない」証拠だし、挙げ続けているのは「他の学生の話をよく聞いていない」のが理由だ。

これはこのまま「当ててはいけない相手」として覚えておくべき指針となるだろう。さらに私が研修の中で見い出した「法則」を伝えておこう。

1、前の席に座る人、メモをよくとる人は当てていい

前の席に座るのは意欲的で、少しでも講師に近づこうという前向きな人である。メモは中身をしっかり書いているから、やはり「理解しよう」というモチベーションは高い。

当ててよい人

- **前の席に座る人・メモをよくとる人**
  意欲的で、理解しようとつとめている

当ててはいけない人

- **ニコニコしている人・うなずきが多い人**
  「好意」は持っているが、話の中身を聞いていない可能性がある
- **態度が「閉じている」人**
  足組、腕組、拳をにぎる、口をへの字に曲げているなど

相手をしっかりと観察し、当てもよい人、いけない人を見極められるようにしよう

2、ニコニコしている人、うなずきの多い人は当ててはいけない

これは意外かもしれないが本当だ。ニコニコし、うなずいている人は他の聴衆よりもあなたに対し「好感」を持っている。だからと言って、本当に話の中身を聴いているのかというとそうではない。これは、私が数十人試してみたことと、マネージャークラスで、スピーチ、プレゼンの機会の多い方々の声でも共通していたことだ。私も昔はニコニコしうなずいている人に当てろと言っていたこともある。しかし、それは反対に「当ててはいけない人」である。

3、態度が「閉じている」人は当てない

足組み、腕組み、拳を握る、しかめっ面、口をへの字に結ぶ……。全てリラックスした受け入れ状態と真逆の「閉じた」ボディランゲージである。営業をしている相手なら、こんな相手は「買う気なし」だ。オープンな状態、つまり、表情はリラックスしていて歯が見えるくらいニッコリ、腕は開いて、足組みもなしに、手の平が見えるくらいにオープンになっていると買う気ありだ。

リラックスしていて「オープン」なボディランゲージな人に当てることだ。

77　アシスタントを活用していくこと

サンデルには、大学でいう「ゼミ」のようなイメージで育てるＴＦ（ティーチングフェロー）と呼ばれるメンバーを抱えている。

彼らとは、ディスカッションし専門知識をさらに深めさせ、１０００人の講義の中にも参加させている。と言うか講義そのものが、大人数で週２回、ＴＦの指導により週１回、というようなバックアップをもった形で進められていく。

ゼミ（ハーバードではセッションと呼ぶ）を指導しているのはＴＦだ。アシスタントのような人々と思ったらいい。このＴＦもレベルは高く、「指導できる」だけの力をもっている大学院生などが中心になっている。

さて、このハーバード方式で教授していくことを私は勧めているのではない。

ポイントは実力のある「アシスタント」の活用だ。

私は、研修は基本１人で行っている。しかし、例えばビジュアルプレゼンなどではパートをビジュアルの専門家に任せることもある。彼はアシスタントでもあり、休憩明けのクイズやストレッチなども行う。そうすることで私は自分のパートに専念できる。

会場の案内や休憩時間、昼休みなどのお知らせはアシスタントが全て担当する。

これは、大人数や、研修の中身によっては常に行っておきたいことだ。より「質の高い」研修にするために講師は研修に集中したい。だからアシスタントは必要だ。

サンデルも、1000人もの人数の間にマイクを回すとか、配りものをするとか、細かな作業を全て1人でまかなえるものではない。しかもマイク1つにしても、よく内容を知っている者が行えば、講義にプラスになるようにスムーズに行える。

知らない者だとかえって足を引くことになる。

スライドを映す時にリモコンマウスでBキーを押しブラックアウト。つまり画面に何も映さず、講師に集中させようとし話すことは多い。

進め方、内容をよく知っているアシスタントはこれが「スキル」と分かる。しかし、何回か何も知らないアシスタントが、プロジェクターが故障したと思い、あらぬ操作を始め閉口したことがある。

内容を熟知したアシスタントがいると心強い。

78 現場での使い方を工夫する

サンデルの対話型教授は、

●オープンエンドで必ずしも結論は出ない
●学生対象
●単発でなく全12回（少人数ではさらに週2回ほど回数は追加）
●内容は政治哲学
●人数は約1000人近く

と言った制約、特徴がある。

このようにサンデルの教授法は制約の中で行われている。だから現場での使い方は、工夫し、状況に合わせて行うことだ。

例えば「ビジネスマン対象」であれば、事例そのものは「学生」とは変えなくてはならない。もちろん「政治哲学」というテーマも、あなたのビジネス上のテーマに置き換え考えなくてはならない。

あるいは、「1回だけ」というのが分かっている会議や交渉であれば、連続で時間をかけられるハーバード方式ではいけないので、「単発」用に変える工夫もするべきだ。

さらに「結論を出す」というのが始めから決まっていたなら、オープンエンドのサンデル式では参加者が納得いかないのは分かるだろう。

この辺りを視野においておかないと、「やっぱりサンデルの方式はビジネスには向かない」とか「サンデルだからできたのであって自分たちではムリだ」などということになりかねない。

くれぐれも「そのまま」サンデル式を適用しないように注意したい。

ボディランゲージなら、聴衆の数に比例するという決まりがある。

1000人を前にしたサンデルのやり方をそのまま、3人、5人、の少人数の前でやったらかえっておかしく奇異に映ることは分かるだろう。

サンデルの教授法を、いかにして自分の「現実の仕事」「プライベート」「現場」の中で応用していけるのかは、あなたの創意工夫にかかっていることを忘れないことだ。

79　サンデル方式の応用1〈時間制限の対話型〉

私は、サンデル式を「応用」していくことにより、さらに価値は高まると考えている。逆に言うと、そのまま用いてみても効果は発揮しきれないことがあると言える。

サンデルの講義の特徴は、教えること、ティーチング主体、ではなく対話型で質問中心に進めていく。

ところが、例えば私のような研修であると、「結論」「ラーニングポイント」というのはハッキリ示さなくてはいけない。

しかし、全てを対話型にしてしまうと、他でも触れたように最後はオープンエンドになる。

オープンエンドは、しかしハッキリとした結論は出てないしラーニングポイントも特になくても構わないという終わり方だ。ということはその辺りを目的とした研修ではそのまま使えないということだ。

ビジネスでも「結論」が求められることが多いため、そのままサンデルのような対話型はなかなか使えないだろう。

そこで私のオススメの1つ、それは対話型を「制限時間」を設け使ってみることだ。これは私も研修で用いていて効果のほどを実感している。

どうしても「考えさせる」という時間は設けているものの対話型にまではいかない。そこで、「15分だけ」「よし、20分だけ」というように時間を切り、少しずつ実験的に導入してみた。

すると、ほとんどの受講者はそのような形で進めていく研修は初めてなので、好奇心、興味を持ってくれる。また次はどんな風になっていくのかという期待感もあるのだ。

またそれは、講師である私の側も、あまり慣れていないために「スリル感」と「新鮮味」もあるし、特にどの方向にいくのか予測がつかないため、いい緊張感も出てくる。

しかしこれを一日中、あるいは二日間にもわたりずっと行うのはさすがに大変だ。

だから、「時間制限」を設け対話型の講義を導入していくのだ。サンデル方式は、やはりそのままと言うよりは、自分なりに「応用」していくことにより効果は絶大ということだ。

80

サンデル方式の応用２〈終わりのまとめ方〉

サンデル式では、対話型の必然でもあるが「オープンエンド」状態となることは繰り返してきている通りだ。

するとこれを防ぐには、

１、対話型にしない

２、まとめを説明する

ということになる。しかし、対話型を導入したとしても先のように時間のしっかりとした制約を設けるならば、まとめた説明をするのと併せた効果が大きくなる。またこのやり方なら、ビジネスでも応用していくことは可能だ。

つまり、ビジネスでサンデル式が取り入れにくいのは、やはり「教訓」「結論」「まとめ」が出にくい終わり方にある。

もちろん、サンデルの対話型は元々目的がそこにはないため、オープンエンドで構わない。

しかしビジネスでは、例えば会議1つにしても「結論」「まとめ」の出ないことはあり得ない。だから先のやり方、つまり時間を切り一部対話型で進めていく。そしてその上で、最後にはしっかりと「まとめ」を発表するというやり方を導入していくのだ。

また「まとめ」で内容をハッキリおさえることの他にこういうやり方もある。これもまた「応用」ということでサンデルは決してやっていないことだ。

それは「自分の見解」をしっかりと終わりに示すのだ。

「私はこう考えます」ということを、だ。

基本的に12回の長丁場の中でサンデルが、意見、自分の見解を明らかにすることはほとんどない。後半に少々見られる程度だ。

しかし、この「意見」「自分の見解」というものをハッキリと最後に示すのだ。

このやり方は、私も研修で取り入れ始めている。また対話型を仮に入れなかったとしても、「自分の意見」を講師が口にするのは受講者の心に訴えかけるのだ。

今までのように「教える」だけでなく、生き生きと自分の考えを主張することで、講師の評価は上がる。

これはビジネスでも同じことだ。

81
大切なのは意識すること

サンデルから学べることが、たくさんあるのは分かっていただけただろう。

ただし、大切なことは「ああ、さすがサンデル教授。大したものだ」で終わらせないこと。大切なのは1つひとつを「意識して」用いていくことだ。

サンデルの教えの中で「使える」と思ったものは、自分の業界、自分自身でできることから1つひとつ実践しようと意識するのだ。

例えば営業先では、まずあまり自分の意見を言わず、顧客のコメントを求めニーズを探るようにする。あるいは「賛成か反対か」と二者択一で迫るサンデルから学びとることもできるだろう。

「この商品性のデザイン性のコンセプトに賛成できますか？　反対ですか？」

「これは採用ですか？　不採用ですか？」

などというように、とにかく意識化していけば応用し使っていけるのだ。

あるいはサンデルは必ず学生の「名前を呼ぶ」のにならって、必ずどんな場面でも「相手の名前」を呼ぶように意識化すること。取引先に、

「ところで山田さん。お子さん大学受験でしたよね？」

「あっ編入されるんですか？　そうですか、山田さん」

と会話の中に何度も名前を盛り込んでみること。あるいはあいさつの後に、

「おはよう庄司さん。えっ、アメリカ留学ですか？　すごいですね」

「こんにちは、竹下さん。えっ、自転車がパンクですか？　いやあ、大変ですね」

あるいは、サンデルのジェスチャー、動きを取り入れプレゼンしてみること。

これも意識である。

「今日はアイコンタクトをバシッと決めるぞ」

「よし、今日は歩きながらスピーチしてみよう」

というように1つでいいので、絞り込み実践してみるのもいい手だ。

あなたのこれからのテーマの1つは「サンデルから何を学べるか」を決め1つひとと実践し日々応用していくことだ。これは時々ただそう考えるだけでは不十分だ。いつも意識化しておくのが欠かせないことだ。

おわりに

大学教授としてのマイケル・サンデルの教授法は、初めて「白熱教室」で観た時、衝撃的であった。

研修講師としての自分は、その「教授法」にとても興味があった。

そのダイナミックな動きや表情の変化、スマートに学生と対話してとりまとめていく頭脳。何よりも、その卓越したプレゼン力、スピーチ能力は、ある種の憧れさえ感じたものだ。

また「ビジネス書作家」としての私は、サンデル教授の話し方の本を書いてみたいと強く思った。すでに取り上げたジョブズや橋下徹に並んで、「解き明かしたい」人物であった。

念願叶い、サンデルの話し方を解き明かせたと自負している。

話し方の本は数十冊書いてきた。今回触れたかったのは、教授方法についてだ。そろそろ、講師生活27年の中で、エッセンスをまとめたいなと、思っていた。偶然、総合法令出版の編集長、旧知で格闘技や武道好きで、気の合う関氏と編集の須田氏より、「書きたいテーマはありますか?」と聞かれ、サンデルの本が世に出ることとなった。

私的なことだが、今後、ビジネスの枠にとらわれずに、執筆のジャンルを広げて行くつもりだ。

将来、松本幸夫はこんな本も書いていたと言えるような、代表作にしたいと思い執筆した。サンデルのような対話型の講義にするには、具体的にどうしたらいいのか、ノウハウを説いた。あなたは、本書の実践で、「あの人の話し方は素晴らしい」と必ず評価されるはずだ。

教え方のみならず、人間関係をよくするには、上司と部下の接し方、社内講師を頼まれたらどうするなど、読み方は様々だ。サンデルの言う、「自ら考えることのできる人」が1人でも多くなることを祈っている。

松本　幸夫

【著者紹介】

松本幸夫（まつもと・ゆきお）

ヒューマンラーニング株式会社　代表取締役
NPO法人日本プレゼンテーション協会認定マスタープレゼンター
1958年東京都出身。東京ヨガ道場主任インストラクター、経営者教育研究所を経て、現職。能力開発、メンタルヘルス、目標管理や時間管理、スピーチ、プレゼンテーション、交渉などの「コミュニケーション術」を主なテーマに、年間200回以上の研修・講演を行う。また人物論にも定評がある。主な著書は『図解・速習　中村天風に学ぶ』『孫正義の流儀』『図解　スティーブ・ジョブズのプレゼン術』（以上、総合法令出版）、『今こそ中村天風に学ぶ』（ベストセラーズ）、『話ベタでも10分、ラクに話せる85のルール』（成美堂出版）、『どんな場面でも！誰とでも！うちとける話し方50の習慣』（青春出版）、『強力なモチベーションを作る15の習慣』（フォレスト出版）、『相手を動かす会話術　すごい！コツ60』（三笠書房）など、150冊以上に及ぶ。

ハーバード大学史上最多の履修者数を誇る
人気教授マイケル・サンデルの話し方とは？

2012年11月4日　初版発行

著　者　松本幸夫
発行者　野村直克
発行所　総合法令出版株式会社
〒107－0052　東京都港区赤坂1-9-15 日本自転車会館2号館7階
電話　03-3584-9821（代）
振替　00140-0-69059

印刷・製本　中央精版印刷株式会社

落丁・乱丁本はお取替えいたします。

ISBN 978-4-86280-331-3

総合法令出版ホームページ　http://www.horei.com/